MÍDIAS SOCIAIS
TRANSFORMADORAS

BETH KANTER • ALLISON H. FINE

PREFÁCIO DE RANDI ZUCKERBERG
DIRETORA DO FACEBOOK

MÍDIAS SOCIAIS
TRANSFORMADORAS

AÇÃO E MUDANÇA NO TERCEIRO SETOR

TRADUZIDO POR:
ALEXANDRE CALLARI

Diretor-presidente
Henrique José Branco Brazão Farinha

Publisher
Eduardo Viegas Meirelles Villela

Editora
Cláudia Elissa Rondelli Ramos

Tradução
Alexandre Callari

Revisão Técnica
Renato Fonseca de Andrade

Projeto Gráfico e Editoração
S4 Editorial

Capa
Listo Comunicação

Revisão
Ana Cortazzo
Thiago Fraga

Impressão
Prol Gráfica

Título original: *The networked nonprofit: connecting with social media to drive change*

Copyright © 2011 *by* Editora Évora Ltda.

A tradução desta publicação foi feita sob acordo com John Wiley & Sons, Inc.

Todos os direitos desta edição são reservados à Editora Évora.

Rua Sergipe, 401 – Cj. 1.310 – Consolação
São Paulo – SP – CEP 01243-906

Telefone: (11) 3717 1247
Site: http://www.editoraevora.com.br
E-mail: contato@editoraevora.com.br

DADOS INTERNACIONAIS DE CATALOGAÇÃO NA PUBLICAÇÃO (CIP)

K25m   Kanter, Beth, 1957-   .

Midias sociais transformadoras : ação e mudança no terceiro setor / Beth Kanter, Allison Fine e Andi Zuckerberg. - São Paulo : Évora, 2011.

240 p.: il.

ISBN 978-85-63993-02-1

1. Comunicação de massa – Aspectos sociais. 2. Associações sem fins lucrativos. I. Fine, Allison H., 1964-   . II. Zuckeberg, Andi. III. Título.

CDD 302.23

José Carlos dos Santos Macedo   Bibliotecário CRB7 n.3575

SUMÁRIO

Apresentação   ix

Prefácio   xiii

Agradecimentos   xix

UM Apresentando as organizações
sem fins lucrativos conectadas   1

DOIS Os desafios e as tendências
das organizações sem fins lucrativos   15

PARTE UM Como se tornar uma
organização sem fins lucrativos conectada   31

TRÊS Entendendo redes sociais   33

QUATRO Criando uma cultura social   53

CINCO Escutando, envolvendo-se
e construindo relacionamentos   77

SEIS Construindo confiança por meio de transparência   95

SETE Tornando as organizações
sem fins lucrativos mais simples   113

PARTE DOIS O que fazer ao se tornar uma
organização sem fins lucrativos conectada 135

OITO Trabalhando com multidões 137

NOVE Aprender as sequências 157

DEZ Da amizade ao financiamento 175

ONZE Governando por meio de redes 197

Conclusão 213

Glossário 219

Recursos 227

FIGURAS E TABELAS

FIGURAS

1.1	Exemplo de recrutamento de voluntários pelo Twitter para a Surfrider	3
2.1	Logotipo do Twestival	23
3.1	Wildlife Watch: mapa dos influenciadores do Twitter	42
4.1	Manual de política e de operações de mídia social da Cruz Vermelha	57
4.2	Tendências de silo *versus* modos de trabalho social	59
5.1	A escada de envolvimento	89
6.1	*Dashboard* do Museu de Arte de Indianápolis	97
7.1	MomsRising.org "A Mãe do Ano" – Vídeo customizável	115
8.1	A Royal Opera House convida as pessoas a participarem	151
8.2	A Royal Opera House continua a encorajar o público a twitar versos de ópera	151
8.3	A Royal Opera House reconhece todas as contribuições mesmo se não forem usadas	152

8.4	A Royal Opera House compartilha o progresso dos ensaios	152
8.5	A Royal Opera House esgota os ingressos da ópera	153
9.1	O vídeo vencedor da Sociedade Humana: *Ms. Paisley Sky*	159
9.2	Estrutura de trabalho para aprender as sequências	160
10.1	*my*charity: water é a rede social de doadores da charity: water	177

TABELAS

9.1	Concurso do YouTube: "Nocauteie a Rinha de Animais"	168
9.2	Estrutura do aprendizado das sequências	170

APRESENTAÇÃO

O trágico terremoto no Haiti reverberou em todo o mundo pelos **canais** de mídia como o Facebook. Milhões de pessoas responderam imediatamente enviando dinheiro por meio de mensagens de texto, partilhando histórias on-line e organizando ajuda para os haitianos. Por causa da disseminação da **mídia social**, nós fomos capazes de responder em números e maneiras as quais teriam sido impossíveis alguns anos atrás.

Somos seres sociais que obtiveram sucesso em se conectar uns com os outros e compartilhar interesses e dilemas. As pessoas adoram dividir suas histórias entre si. Sites como o Facebook permitem que nos conectemos com nossos amigos, velhos e novos, por todo o mundo, e partilhemos nossas histórias.

Eu realmente adoro meu trabalho no Facebook, no qual me foco em política, instituições sem fins lucrativos, novidades e eventos atuais. Podemos testemunhar em primeira mão as conversações que as pessoas estão tendo em todo o mundo sobre assuntos e eventos importantes. Existem mais de 350 milhões de pessoas se conectando no Facebook, postando atualizações, compartilhando fotos e vídeos, e promovendo causas pelas quais elas são apaixonadas. O que torna o Facebook tão poderoso é que um indivíduo pode compartilhar conteúdo com amigos, que por sua vez o compartilha com os amigos deles, e em um curto período uma quantidade enorme de pessoas pode se juntar em torno de um interesse em comum, em uma conversação verdadeiramente global.

Investigaremos de que interessantes maneiras as pessoas fizeram uso do Facebook para despertar a consciência e tomar decisões em relação ao câncer de mama. Alguns anos atrás, um usuário do Facebook chamado Eric Ding utilizou a rede para pedir aos seus amigos que doassem dinheiro para uma pesquisa sobre câncer de mama. Eric é um pesquisador em Brigham e no Hospital da Mulher em Boston. Os amigos de Eric apoiaram sua causa e compartilharam a mensagem com amigos. Em poucos meses, ele tinha por volta de 2,2 milhões de pessoas que se inscreveram para dar suporte aos seus esforços. No final de 2009, a causa de Eric tinha 5,5 milhões de amigos e mais de 135 mil dólares para apoiar a pesquisa sobre câncer de mama. E em janeiro de 2010 um movimento referente às bases da questão se espalhou pelo Facebook, no qual as mulheres repentinamente começaram a atualizar seus perfis com apenas uma palavra – a cor de seus sutiãs – para promover a consciência sobre o câncer de mama. Amigas compartilhavam esta mensagem: "Relacione a cor do seu sutiã em seu perfil no Facebook, somente a cor, nada mais. Então envie esta mensagem para suas amigas... Nada de homens. O ponto é perceber o quanto nós podemos espalhar a consciência do problema do câncer de mama e fazer os homens se questionarem sobre o que está acontecendo". Em poucas horas, centenas de milhares de mulheres tinham atualizado seus perfis no Facebook e compartilhado a informação com sua rede de amigas. Isso captou a atenção da mídia nacional e todos, da CNN, do *The Wall Street Journal* até a ABC News fizeram reportagens sobre o efeito da "campanha-sutiã".

E esta é apenas uma causa. Milhares de pessoas se utilizam de sites como o Facebook diariamente para compartilharem a paixão pelas causas, que vão de temas femininos e analfabetismo até o genocídio em Darfur, incluindo levantar dinheiro e tomada de consciência. E não estamos falando apenas de jovens. Uma das demografias que crescem mais e mais rapidamente no Facebook é a de mulheres acima dos 50 anos de idade! Tenho observado a sensacional energia que as pessoas depositam em suas causas on-line, e nós vemos dúzias de ideias criativas e de implementações bem-sucedidas, mas também tenho ciência de que isso é apenas o começo: nós vislumbramos apenas a ponta do *iceberg* no que se refere ao uso de canais de mídia social para imprimir mudanças sociais. E foi por causa disso que fiquei tão excitada quando Beth e Allison me falaram sobre este livro – *Mídias sociais transformadoras* –, porque eu conheço muitas entidades sem fins lucrativos e pessoas que querem ajudá-las, as quais poderiam se beneficiar das ideias e pensamentos das autoras sobre como juntar todas as peças e se tornar mais eficiente para ajudar na resolução de problemas sociais.

O poder que a mídia social tem de conectar as pessoas, construir relacionamentos e permitir que qualquer um, em qualquer lugar, possa compartilhar paixões e interesses é fantástico. Mas alavancar o poder da mídia social nem sempre é intuitivo para as organizações sem fins lucrativos. *Mídias sociais transformadoras* fornece uma estrutura para entender como entidades sem fins lucrativos podem se tornar mais abertas e conectadas, e para usar a mídia social de maneira mais eficiente para as suas causas. A primeira seção deste livro é realmente importante, porque aborda as diferentes formas de pensar e trabalhar que as instituições do Terceiro Setor e seus líderes precisam adotar para aproveitar melhor o uso da mídia social. A segunda seção tem o foco em todas as coisas que essas instituições podem fazer depois de terem abraçado o uso da mídia social e se aberto para canais como o Facebook. É aqui que eu fico verdadeiramente excitada para ver de que formas novas, divertidas e criativas as pessoas poderão participar da mudança do mundo para melhor!

Um dos aspectos mais maravilhosos da Internet e da Web é que simplesmente não existem limites. Não há limites para quem pode participar. Enquanto no passado havia apenas duas maneiras de se envolver – doar dinheiro ou doar tempo –, agora existem dúzias de formas pelas quais as pessoas podem oferecer apoio às organizações de seu interesse fazendo uso de ferramentas sociais: atualizando seu perfil no Facebook para defender uma causa, organizando um evento para levantar fundos, escrevendo uma postagem em um blog, produzindo e compartilhando um vídeo, e muitas mais. Estamos todos aprendendo juntos a fazer bom uso da mídia social para causas, e existe um enorme valor em compartilhar nossos sucessos e falhas neste espaço. É por isso que *Mídias sociais transformadoras* é tão importante, pois ajuda as pessoas a aprenderem como trabalhar juntas para alavancar a mídia social em prol de causas sociais, a fim de causar um impacto tremendamente positivo no mundo.

Palo Alto, Califórnia
Abril de 2010

Randi Zuckerberg,
Diretora de Marketing
do Facebook

Para nossos maridos, Walter e Scott, e filhos, Harry, Sara, Maxwell, Zachary e Jackson, cuja paciência nós precisamos para escrever este livro e cujo amor nós precisamos para atravessar a vida.

PREFÁCIO

Durante a maior parte da década passada, tivemos o privilégio de testemunhar e participar da adoção do uso de ferramentas de mídia social pelas organizações sem fins lucrativos, como e-mails, **blogs** e Facebook. Sentimo-nos honradas de fazer parte desta narrativa e contribuir para a gênese de um campo inteiramente novo.

Ambas passamos as nossas carreiras inteiras trabalhando em, para e com organizações sem fins lucrativos. Então entendemos muito bem a trepidação dos líderes dessas entidades quando o uso de mídia social começou a ganhar tração. A hesitação deles era baseada em duas suposições. A primeira foi que as ferramentas eram a última loucura da moda, criada por crianças e para seu uso próprio. A segunda foi que, ao utilizarem a mídia social e se abrirem para o Oeste Selvagem da Web e suas **redes sociais**, uma organização iria manchar sua reputação e comprometer a habilidade de controlar o próprio destino. Nenhuma dessas suposições é verdadeira.

A mídia social não irá desaparecer. Ela continuará a crescer e se impregnará ainda mais na maneira com a qual vivemos e trabalhamos. À medida que o uso de mídia social cresceu, o ceticismo dos líderes mudou da resistência para a preocupação de que eles estivessem ficando para trás. A questão para os líderes organizacionais não é mais se devem abraçar a mídia social, e sim como fazer isso de forma eficiente.

Como uma diretora executiva de uma organização sem fins lucrativos nos disse recentemente: "Eu tenho feito este trabalho desde os anos 1970 e não estou no Facebook ainda, mas (eu) não poderei mais ser relevante, a menos que nos mudemos para esse espaço. E nós não podemos fazer isso a menos que utilizemos a mídia social ou estejamos presentes em redes sociais. Mas não sei por onde começar". Nós escrevemos este livro para ajudá-la e também para ajudar as milhares de pessoas que integram grupos e quadros de diretores de organizações sem fins lucrativos a adentrarem este novo mundo social.

Desde 2005, muitas organizações antigas e veneráveis – como a Cruz Vermelha, a Sociedade Humanitária dos Estados Unidos da América, a Federação Nacional da Vida Selvagem, a Federação Americana para a Paternidade Planejada e a Sociedade Americana do Câncer – se abriram para o mundo por meio da mídia social. Essas organizações estão travando conversas com um grande número de pessoas que as apoiam (e com detratores), ao mesmo tempo que usam de forma imaginativa uma grande variedade de ferramentas que capacita mais pessoas a fazer parte do movimento, com maior facilidade e a um custo menor, de maneira jamais vista antes. O surgimento de uma geração enorme de jovens – Geração Y ou Geração Millennial – apaixonados por causas sociais está abastecendo o aumento do interesse no trabalho de mudança social. Entretanto, eles têm interesse muito limitado em apoiar organizações sem fins lucrativos individuais ao longo do tempo. A alternativa para esses **nativos digitais** é utilizar o *kit* de ferramentas de mídia social em favor de suas causas fora das organizações, como ativistas livres. Isso apresenta um desafio significativo para todas as organizações, mas particularmente para aquelas que ainda hesitam em abraçar a cultura da abertura e a conectividade que os jovens esperam.

Organizações sem fins lucrativos encaram outras dificuldades também. O profundo mergulho econômico do país deixou muitas comunidades e organizações sem fins lucrativos lutando. Problemas sociais como a fome e o analfabetismo são grandes e complexos demais para qualquer organização resolver sozinha; ainda assim, o setor não lucrativo é amplamente organizado no formato de entidades solitárias. A atração gravitacional que organizações individuais sofrem para se tornarem maiores, mais complexas e mais contrárias ao risco acaba se colocando em desacordo com a simplicidade e a abertura que dão poder à mídia social.

Nós acreditamos que uma maneira importante de as organizações superarem essas barreiras é fazer que elas saiam de seus silos solitários e abracem a mídia social. Ao fazer isso, elas se conectam a um ecossistema mais amplo de organizações e indivíduos ansiosos para ajudar. Essa Conectividade Sem Fins Lucrativos trabalha *com* as redes sociais, e não apenas dentro delas.

É claro, nada é mais difícil para as pessoas do que mudar sua forma de pensar e se comportar. Sabemos o quanto é custoso fazer algo fundamentalmente diferente em nossa vida pessoal – comer menos chocolate, exercitar-se mais, parar de gritar tanto com as crianças ou tentar utilizar algum dispositivo novo. Agora, amplie este desafio ao nível de uma organização ou de uma comunidade e veja o quão amedrontador ele pode se tornar.

A boa notícia é que a mudança não precisa abalar seus nervos. Organizações podem dar pequenos passos pelo caminho que esboçamos neste livro, os a ouais as tornará mais abertas e conectadas – organizações sem fins lucrativos conectadas.

E se, por um lado, a transição pode não ser tão fácil ou confortável de início, por outro, todos são capazes de fazê-la. Só requer alguma prática, que é justamente o que nós temos adquirido nos últimos anos.

Beth começou seu blog em 2003, quando muitas pessoas ainda lhe faziam a pergunta: "O que é um blog?". Hoje, seu blog é um dos mais populares e influentes para as entidades sem fins lucrativos. Enquanto escrevia este livro, ela era bolsista visitante na Fundação David e Lucile Packard, onde estudou a intersecção da mídia social para comunicações externas e a efetividade das redes. Ao longo dos seis anos em que escreveu em seu blog, ela modelou o aprendizado público sobre como utilizar essas ferramentas e ajudou a lançar uma luz aos especialistas de mídia social e promotores de redes que trabalham nas trincheiras sem fins lucrativos. Ela foi reconhecida pela revista *Business Week* como uma das inovadoras da mídia social em 2009.

Em somatório, por sua capacidade como membro do conselho, Beth voluntariou o seu tempo para usar redes sociais a fim de apoiar o trabalho da Fundação Sharing, uma organização que toma conta de crianças no Camboja. Suas realizações incluem ser a primeira pessoa a utilizar o Twitter para levantar fundos em 2007, vencendo o primeiro *Giving Challenge* patrocinado pela Fundação Case, e levantar dinheiro para assegurar a educação de Leng Sopharath, um órfão do orfanato Kampong Speu, que começou o seu último ano em Contabilidade na

Universidade Norton. Beth também ajudou a patrocinar a primeira *blogging conferência* no Camboja para trezentos jovens cambojanos.

Desde 2005, Allison tem pesquisado e escrito sobre o uso de mídia social para as organizações sem fins lucrativos. Ela escreveu em 2006 *Momentum: igniting social change in the connected age* (Momento: acendendo a mudança social na era da conectividade). Allison escreve no A. Fine Blog e apresenta um podcast mensal para a *The chronicle of philanthrophy*, sobre como usar a mídia social em prol da mudança social. Ela foi uma das organizadoras do projeto *Twitter Vote Report* pouco antes da eleição nacional em 2008. O projeto capacitou milhares de eleitores a compartilharem suas experiências de voto, boas e más, com outras pessoas, fazendo uso de telefones celulares. Este sistema de fonte aberta foi adotado subsequentemente para a inauguração presidencial, e também para as eleições na Índia e no Irã.

Por meio de nossas próprias experiências e daquela de centenas de organizações e pessoas com quem nos comunicamos on-line diariamente, estamos aprendendo a utilizar da melhor forma as ferramentas de mídia social para promover uma mudança social. Estamos encontrando e colocando em prática maneiras de distribuir trabalho para permitir que mais pessoas tomem parte e ajudem a modelá-las. Estamos aprendendo a nos comunicar melhor, a compartilhar ideias, a dar crédito e a agradecer às pessoas por seus esforços. E, naturalmente, cometemos mais do que poucos erros, os quais também compartilhamos com nossa rede.

Estamos assombradas com o trabalho que a equipe de organizações sem fins lucrativos, ativistas livres, voluntários, doadores, bloggers e outros fazem diariamente com tamanha paixão, energia e abnegação, tudo para ajudar a curar o mundo. Nossa meta com este livro é celebrar seus esforços, suas construções, e encorajar os líderes hesitantes de entidades sem fins lucrativos a se juntar a eles on-line.

SOBRE ESTE LIVRO

Gostaríamos de compartilhar com nossos leitores alguns pensamentos a respeito deste livro. Ele foca amplamente os esforços feitos nos Estados Unidos. Um trabalho maravilhoso está ocorrendo por todo o planeta, é claro, mas a nossa experiência vem principalmente de nosso trabalho com organizações baseadas nos Estados Unidos, que moldam a nossa visão e os conteúdos desta obra.

O livro começa com um capítulo introdutório, "Apresentando as organizações sem fins lucrativos conectadas", que define esse tipo de organização e descreve a revolução da mídia social e os mitos que impediram muitos executivos de participarem dela.

O Capítulo Dois, "Os desafios e as tendências das organizações sem fins lucrativos", contextualiza a necessidade urgente que as organizações do Terceiro Setor têm de se tornarem organizações sem fins lucrativos conectadas. O livro se divide então em duas partes: Parte Um – "Como se tornar uma organização sem fins lucrativos conectada", e Parte Dois – "O que fazer ao se tornar uma organização sem fins lucrativos conectada"; a primeira, focada em como as organizações podem se conectar, e a segunda, no que podem obter ao se tornarem organizações sem fins lucrativos conectadas.

A primeira parte, que abrange os capítulos três a sete, é centrada em como as organizações precisam operar para utilizar a mídia social de maneira efetiva e bem-sucedida. Tais capítulos intitulam-se, respectivamente: "Entendendo redes sociais", "Criando uma cultura social", "Escutando, envolvendo-se e construindo relacionamentos", "Construindo confiança por meio de transparência" e "Tornando as organizações sem fins lucrativos mais simples".

A segunda parte, que abrange os capítulos de oito a onze, descreve a forma pela qual as organizações podem trabalhar quando se estruturam dessa maneira. No Capítulo Oito, o foco está no trabalho com grandes números de pessoas de fora da organização para espalhar sua missão; no Capítulo Nove, está na descrição das formas pelas quais as organizações podem monitorar e melhorar continuamente seus esforços envolvendo mídia social; no Capítulo Dez, em como transformar amigos em financiadores utilizando a mídia social; e no Capítulo Onze, em formas pelas quais as organizações podem utilizar a mídia social para redesenhar a governança organizacional. Tais capítulos intitulam-se, respectivamente: "Trabalhando com multidões", "Aprender as sequências", "Da amizade ao financiamento", "Governando por meio de redes".

Cada capítulo termina com Questões para Reflexão, que o ajudarão a iniciar discussões internas acerca dos tópicos apresentados. O livro não contém seções do tipo "como fazer", para que você aprenda a utilizar ferramentas específicas de mídia social, mas todas as ferramentas nele mencionadas estão no Glossário.

Nós encorajamos os leitores a explorar primeiramente as formas que as organizações têm para se estruturar e as maneiras como seus líderes deveriam reorientá-las para o seu trabalho e para o mundo. Entretanto, entendemos que alguns tópicos, como trabalhar com multidões, por exemplo, são de interesse particular, de modo que os leitores devem sentir-se livres para explorar cada capítulo diretamente.

Contudo, temos um pedido a fazer: aos líderes organizacionais ansiosos em saltar para o *que* e o *como* da mídia social, pedimos que adquiram prática utilizando eles mesmos as ferramentas, pois é a única maneira de descobrirem o poder da mídia social e de modificarem a forma como pensam e trabalham. E também esperamos que peçam o mesmo às pessoas de suas organizações, e as encorajem a se conectarem com o mundo de maneiras positivas e criativas.

Abril de 2010

Beth Kanter
Los Altos, Califórnia

Allison H. Fine
Irvington, Nova York

AGRADECIMENTOS

Nós fomos abençoadas com redes de pessoas com uma energia maravilhosa, criatividade e generosidade de espírito que ajudaram no desenvolvimento deste livro. Somos particularmente gratas pela assistência das pessoas sensacionais que estão trabalhando diariamente nas trincheiras das organizações sem fins lucrativos, da mídia social e na mudança social. Elas são os nossos heróis. Nós aprendemos com elas, que trabalham todos os dias para fazer do mundo um lugar melhor para se viver.

Gostaríamos de agradecer à equipe de Jossey-Bass/Wiley pela ajuda e pelo apoio ao longo deste processo. Jesse Wiley, Dani Scoville, Mickey Butts, Elizabeth Forsaith e Xenia Lisanevich conduziram o nosso livro com grande cuidado e visão. Nós amamos Julia Rocchi por causa de seu grande cabelo e sua grande boca, mas acima de tudo amamos suas fantásticas habilidades de edição.

Estamos enormemente em débito com nossos revisores de conteúdo especializado Geoff Livingston, Danielle Brigida, Brian Reich e Micah Sifry por seu tempo e sugestões pertinentes.

Beth gostaria de oferecer agradecimentos especiais à Fundação Sharing e em particular à Dra. Hendrie, que tem sido o modelo dela no trabalho em prol da mudança social e nos cuidados com as crianças do Camboja. Allison também é grata pelo trabalho de Hope for Henry e tem profunda reverência pela coragem e generosidade de seus fundadores Laurie Strongin e Allen Goldberg. Nós iremos doar rendimentos deste livro a essas organizações.

Nós somos agradecidas a duas fundações pelo suporte que elas deram ao nosso trabalho e pelo aprendizado que tivemos ao longo dos anos. A Fundação

xix

David e Lucile Packard, na qual Beth foi bolsista visitante em 2009, forneceu uma oportunidade para pensar, escrever e ter tempo para aprender, a qual de outro modo não estaria disponível. A equipe e os membros do conselho que foram especialmente generosos com o seu tempo e apoio incluem Julie Packard, Stephanie McAuliffe, Carol Larson, Chris DeCardy, Kathy Reich, Anastasia Ordonez, Catherine Afarian, Irene Wong, David Perper, Loretta Gallegos, Gale Berkowitz, Liz Karlin, Matt Sharpe, Lois Salisbury, Eunice Delumen, Eugene M. Lewit, Linda Schuurmann Baker, Arron Jiron, Meera Mani, Jeff Sunshine, Liane Wong, Jenny Calixto Quigley, Musimbi Kanyoro, Kathy Toner, Walter Reid, Kai Lee, Jamie Dean, Lisa Monzon, Laura Sullivan, Sheila Direickson e Sandra Bass. Agradecimentos também aos consultores e especialistas que trabalharam próximos à equipe da Fundação Packard e seus beneficiados: Dan Cohen, Holly Minch, Jen Lamson, Kristin Grimm, Katherine Fulton, Diana Scearce, Heather McLeod Grant, Noah Flowers, Eugene Eric Kim, June Holley, Michael Patton e muitos outros.

A Fundação Case também nos deu oportunidades maravilhosas nos últimos anos para conduzirmos nossas pesquisas e aprendermos como organizações sem fins lucrativos estão utilizando a mídia social em um segmento mais amplo do setor, de uma maneira que não poderíamos ter feito por meio de nossos blogs. Gostaríamos de agradecer a Steve e Jan Case, Bem Binswanger, Michael Smith, Kari Dunn Saratovsky, Brian Sasscer, Erich Broksas, Sokunthea as Chhabra, Eric Johnson, Megan Stohner, Kristin Ivie e ao resto da equipe pelo suporte e encorajamento que nos deram à medida que nossos projetos conjuntos se desdobravam.

Queríamos agradecer especialmente aos nossos colegas de entidades sem fins lucrativos e aos gurus da mídia social que generosamente compartilharam seu conhecimento, suas histórias e experiências para ajudar a moldar este livro. Eles incluem, mas não se limitam a, Lucy Bernholz, Jake Brewer, Jonathon Colman, Peter Deitz, Qui Diaz, Laura Lee Dooley, Jon Dunn, Christine Egger, Jill Finalyson, Stephen Foster, Susan Granger, Wendy Harman, Humberto Kam, James Leventhal, Carie Lewis, David Neff, Chad Nelson, Adin Miller, Elizabeth Miller, Ellen Miller, Kivi Leroux Miller, Perli Ni, Ory Okolloh, Peggy Padden, Andrew Rasiej, Holly Ross, Nancy Scola, Suzanne Seggerman, Kristen Taylor, Susan Tenby, Marnie Webb, Rachel Wedinger, Deanna Zandt, Andrew Zolli, Ethan Zuckerman.

E mais um agradecimento especial vai para os especialistas de mídia social que compartilharam os seus *insights* conosco, incluindo Chris Brogan, Pete Cashmore, Steve Garfield, Seth Godin, Tara Hunt, Kami Watson Huyse, Avinash Kaushik, Shel Israel, Adina Levin, Charlene Li, Dave McClure, KD Paine, Rashmi Sinha, Tom Watson, Tamar Weinberg e Randi Zuckerberg.

Finalmente, queríamos agradecer aos leitores de nossos blogs e amigos on-line que estão participando na contínua conversação sobre o uso de mídia social para promover uma mudança social. Obrigado por compartilharem suas experiências e ideias e nos permitirem experimentar e aprender juntas com vocês. E obrigado por estarem conosco neste excitante passeio de roda-gigante enquanto todos nós construímos juntos este novo campo.

— B. K. e A. H. F.

Apresentando as Organizações Sem Fins Lucrativos Conectadas

capítulo
UM

Surfistas e outros entusiastas do oceano apresentam as características comuns de gozarem de uma independência teimosa e de um áspero individualismo. Como gatos solitários, os surfistas fazem o que querem e quando querem fazer. Para que qualquer organização obtenha algum sucesso em organizá-los, terá de operar de uma maneira bastante diferente da tradicional instituição piramidal. E é exatamente isso o que a Fundação Surfrider tem feito.

Em 1984, um punhado de surfistas fundou a Fundação Surfrider para proteger oceanos e praias mediante conservação, ativismo, pesquisa e educação. Eles trabalham com uma variedade de entusiastas do oceano incluindo surfistas, *bodyboarders*, velejadores, nadadores, mergulhadores, pessoas que vasculham as praias em busca de achados e famílias que adoram o oceano.

A partir de 2009, a organização tinha um orçamento de aproximadamente 5 milhões de dólares e uma equipe de 30 pessoas trabalhando no quartel general nacional em San Clemente, Califórnia. A Surfrider é uma organização às avessas. Ela expõe seu trabalho para o mundo ao compartilhar seu plano estratégico, relatórios anuais, demonstrações financeiras, relatórios de auditoria e declarações de impostos. Ela encoraja sua equipe a falar sobre o trabalho: o CEO Jim Moriarity e outros membros da equipe estão disponíveis para discussões em seu blog Oceans Waves Beaches e no Twitter.

O trabalho de conservação da organização ocorre em todas as partes do mundo por meio de suas filiais voluntárias. A Surfrider não dita o que as filiais têm que fazer. Em vez disso, as segue e dá apoio. A fundação se devota a construir relacionamentos significativos com as pessoas que lhe dão suporte de uma maneira que vai muito além de pedir doações. De uma forma geral, ela se parece mais com uma rede social do que com uma organização tradicional. Nós chamamos a Surfrider e organizações como ela de *organizações sem fins lucrativos conectadas*.

Em 2008, a rede da Surfrider incluía mais de 70 filiais, localizadas ao longo das costas Leste, Oeste, do Golfo, havaianas e porto-riquenhas. A organização tem mais de 50 mil membros pagantes e também alguns milhares de voluntários locais. Adicionalmente ao trabalho das filiais, centenas de grupos e páginas no Facebook foram dedicadas à Surfrider e suas filiais.

Cada filial trabalha no que a organização chama de "trabalho baseado no átomo", em terra e "trabalho baseado em bit", on-line. O trabalho baseado no átomo inclui organizar limpezas nas praias, testar as águas dos mares e conduzir programas locais de educação. O trabalho baseado em bit envolve muitas conversações em uma variedade enorme de canais de mídia social como o Facebook e o Twitter, enviando e-mails de alerta e organizando eventos on-line (ver Figura 1.1).

A Surfrider criou um modelo único de envolvimento para mapear as participações dos voluntários, que passam de estranhos para amigos e, por fim, apoiadores, membros, ativistas e líderes. A organização oferece uma variedade de maneiras para as pessoas participarem em cada um dos níveis. Estranhos e amigos podem comprar camisetas on-line e se inscrever para receber alertas por e-mail. Apoiadores e membros mais envolvidos podem fazer o download e escutar podcasts e organizar limpezas nas praias. Os líderes podem se encontrar com autoridades responsáveis para discutir a legislação sobre a proteção das orlas.

Tal qual os surfistas, as filiais fazem o que querem, no momento em que querem. A Fundação confia que sua rede de pessoas distribuída por todo o mundo trabalhará em seu nome sem que haja a necessidade de uma supervisão constante. Chad Nelson, diretor ambiental da Surfrider, disse que, apesar disso, deixar os advogados malucos, o escritório nacional raramente policia ou interfere no que as filiais estão fazendo.

**Figura 1.1
Exemplo de recrutamento de voluntários
pelo Twitter para a Surfrider**

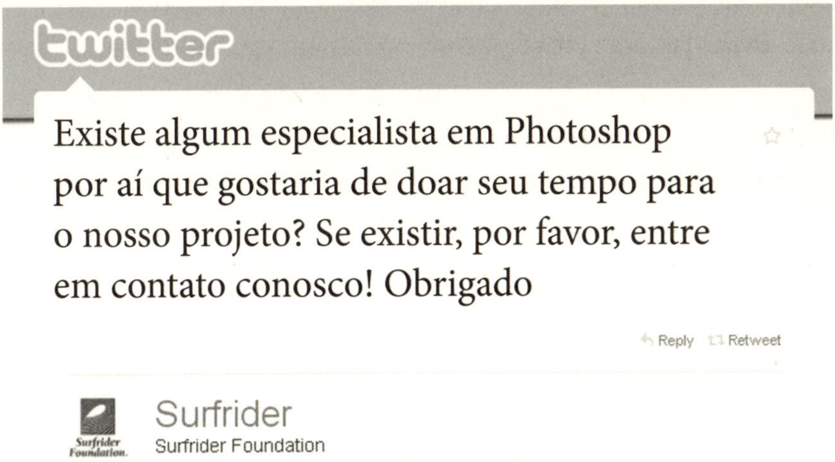

Existe algum especialista em Photoshop por aí que gostaria de doar seu tempo para o nosso projeto? Se existir, por favor, entre em contato conosco! Obrigado

Reply   Retweet

Surfrider
Surfrider Foundation

E tudo funciona para engajar as pessoas localmente e energeticamente em nome da organização. Em 2008, a Surfrider tinha mais de 200 campanhas comunitárias de doação, mais de 900 apresentações locais de seu programa de educação Respeite a Praia, mais de 8 mil testes de água feitos e mais de 600 limpezas de praias organizadas. Os representantes das filiais já compareceram a mais de 125 encontros e eventos envolvendo governos municipais, estaduais e federais. No total, os voluntários contribuíram com mais de 145 mil horas de voluntariado.[1]

A Fundação Surfrider inflamou as paixões de milhares de entusiastas dos oceanos. Em troca, esta rede de participantes compartilha energia e entusiasmo pela Surfrider com a própria rede de amigos, voluntaria o seu tempo e doa dinheiro para apoiar a organização.

SOBRE AS ORGANIZAÇÕES
SEM FINS LUCRATIVOS CONECTADAS

Organizações sem fins lucrativos conectadas são entidades simples e transparentes. Elas facilitam a entrada e saída de seus membros. Envolvem as pessoas no sentido de moldar e compartilhar o seu trabalho a fim de ampliar a conscientização de assuntos sociais, organizar as comunidades para fornecer serviços ou advogar buscando mudanças legislativas. Em longo prazo, elas estão contribuindo para tornar o mundo um local mais seguro, justo e saudável para se viver.

Organizações sem fins lucrativos conectadas não trabalham mais ou por mais tempo do que outras organizações, apenas trabalham de forma diferente. Elas se envolvem em conversações com as pessoas que vão além de suas paredes – muitas conversações –, para construir relacionamentos que espalhem o trabalho que fazem por meio da rede. Incorporar a edificação de relacionamentos como uma responsabilidade central de todos os membros da equipe é algo que muda fundamentalmente as suas listas de afazeres. Só é possível trabalhar dessa maneira por causa do advento da mídia social. Todas as organizações sem fins lucrativos conectadas se sentem confortáveis em utilizar o *set* de ferramentas da nova mídia social – ferramentas digitais como e-mails, blogs e Facebook, que encorajam conversações bidirecionais entre pessoas e entre pessoas e organizações, para ampliar esforços com rapidez, facilidade e a custos baixos.

Nós sabemos que as equipes de organizações sem fins lucrativos costumam se sentir sobrecarregadas, com pressão excessiva sobre poucas pessoas, que sempre têm muito o que fazer. Como iremos discutir no Capítulo Sete, "Tornando as organizações sem fins lucrativos mais simples", as entidades e as pessoas que trabalham nelas têm muito que fazer porque tentam fazer demais e de forma isolada. As organizações sem fins lucrativos conectadas sabem que fazem parte de um ecossistema muito mais amplo de instituições e indivíduos que são recursos imprescindíveis para seus esforços.

As organizações sem fins lucrativos conectadas não têm medo de perder o controle sobre programas e serviços, logos e marcas, mensagens e mensageiros porque entendem que em troca irão receber a boa vontade e a paixão de muitas pessoas trabalhando em nome delas. Trabalhar dessa forma permite que

Mídias sociais transformadoras

essas organizações atinjam muito mais pessoas de forma bem mais barata do que jamais seriam capazes de fazer, caso trabalhassem sozinhas.

Algumas organizações como a Fundação Surfrider e outras que serão discutidas neste livro, incluindo a MomsRising e a charity : water, já nasceram como organizações sem fins lucrativos conectadas. Mas ser assim não é apenas um acidente de nascimento. Qualquer organização pode se tornar uma e, de fato, muitas já estão em meio a esse processo. Organizações sem fins lucrativos veneráveis, como a Cruz Vermelha, a Sociedade Humanitária dos Estados Unidos da América, a Federação Nacional da Vida Selvagem, a Federação Americana para a Paternidade Planejada e a Sociedade Americana do Câncer, estão se abrindo de dentro para fora com enorme sucesso. Nós iremos compartilhar as suas histórias, suas lutas e lições ao longo deste livro, a fim de encorajar outras entidades a se tornar também organizações sem fins lucrativos conectadas.

Mas organizações não são as únicas entidades que estimulam as **mudanças sociais** neste novo mundo conectado. Os indivíduos – nós os chamamos de *agentes livres* – combinam a experiência em mídia social com a paixão por causas sociais para realizarem coisas maravilhosas. A facilidade dos agentes livres com a mídia social lhes dá o poder e as ferramentas que somente as próprias organizações tinham há alguns anos. Eles se tornaram partes integrais do ecossistema no qual as organizações sem fins lucrativos trabalham. Enquanto organizações tradicionais podem se eriçar com o surgimento deles, as organizações sem fins lucrativos conectadas trabalham naturalmente com eles em direção a objetivos em comum.

A REVOLUÇÃO DA MÍDIA SOCIAL

Evoluções são melhorias incrementadas de um produto ou uma ideia. O mais novo Ford Mustang ou iPod podem contar com interações melhores do que suas versões anteriores, mas eles ainda são fundamentalmente o mesmo produto. Quando dois adolescentes, Shawn Fanning e Sean Parker, criaram o site de compartilhamento on-line de músicas Napster em 1999, detonaram uma revolução. O poder saiu das mãos das companhias de música e se transferiu para os ouvintes. Pela primeira vez, os consumidores tinham a habilidade de moldar sua própria coleção de canções da maneira como queriam e, talvez ainda mais importante, compartilhar essas canções com o mundo on-line.

Não era lícito, continua não sendo, mas foi inevitável, uma vez que milhões de pessoas podiam facilmente e sem custo algum acessar e utilizar essas ferramentas. Apesar de serviços como o iTunes terem diminuído o compartilhamento grátis de arquivos de músicas on-line, eles jamais irão apagá-lo inteiramente. O gênio saiu da garrafa e não será colocado lá de volta. A mídia social é revolucionária em seu poder e alcance.

Nos anos 1980, computadores pessoais aterrissaram nas escrivaninhas das pessoas e mudaram a maneira com a qual a informação era armazenada e organizada. Nos anos 1990, a *World Wide Web* conectou um universo de pessoas e tornou a informação acessível. Este século tem visto o surgimento do gráfico social; os relacionamentos que as pessoas estão fazendo e renovando, utilizando ferramentas de mídia social, particularmente sites de redes sociais, permitem uma rápida atividade coletiva.

Nós definimos mídia social como a estruturação de ferramentas digitais, como **mensagens instantâneas**, **mensagens de texto**, blogs, vídeos, e sites de redes sociais como o Facebook e o MySpace, que são isentos de custo e fáceis de serem usados. A mídia social possibilita que as pessoas criem, manipulem e compartilhem amplamente em todo o mundo as próprias histórias, fotos e vídeos a um custo quase zero. Este livro inclui um Glossário que fornece mais definições de processos e ferramentas específicas.

As ferramentas de mídia social essenciais às organizações sem fins lucrativos caem em uma das três categorias gerais de uso:

- Iniciadores de conversações como blogs, YouTube e Twitter.
- Ferramentas de colaboração incluindo wikis e Google Groups.
- Criadores de redes como sites de redes sociais, por exemplo, o Facebook, MySpace e Twitter.

A mídia social não é uma moda ou uma tendência. Com um acesso praticamente universal à *World Wide Web* e a presença em todos os lugares de telefones celulares e e-mail, o uso da mídia social só irá crescer. Ela está se enraizando pela maneira com a qual as pessoas se relacionam e trabalham umas com as outras.

Em particular, a mídia social está moldando a forma como os jovens pensam, se conectam, se envolvem e trabalham juntos.

Queremos prevenir os leitores que saber utilizar bem a mídia social não tem a ver com saber qual botão se tem que apertar. A sabedoria tecnológica não deveria fazer sombra ao poder verdadeiramente revolucionário da mídia social, que é a habilidade de conectar as pessoas umas com as outras e ajudar a criar relacionamentos fortes, elásticos e confiáveis. Entretanto, a única maneira para entender essa distinção é realmente fazendo uso pessoal desse conjunto de ferramentas. Não existe outra maneira de entender plenamente o poder que a mídia social tem de conectar amigos e estranhos com interesses em comum do que vivenciando esse poder por conta própria. Em outras palavras: *O uso de mídia social é um esporte de contato, não um esporte de espectador.*

Queremos também avisá-lo de que não existe uma regra universal a respeito de qual ferramenta funcionará sob quais circunstâncias para cada pessoa. Organizações sem fins lucrativos conectadas não usam apenas uma ferramenta, mas se valem de muitas, com diferentes características, para envolver as pessoas em diversos tipos de conversações.

Ainda mais importante, tendo em vista que as ferramentas se sucederão num constante ir e vir, é a estratégia que sustenta as organizações. Ou seja, escolher e fazer uso de uma ferramenta específica é menos importante para o sucesso organizacional do que abraçar os princípios da estratégia que tornam a mídia social efetiva. Em resumo, usar a mídia social é mais uma maneira de ser do que uma forma de fazer.

Infelizmente, muitas organizações sem fins lucrativos estão perdendo terreno em razão do medo do que pode acontecer caso se abram para este novo mundo. Essas organizações estão indo de encontro a este mundo de libertação impulsionado pela mídia social sem estarem de fato prontas para se tornarem organizações sem fins lucrativos conectadas. Muitos desses temores, porém, são descabidos. Comecemos encarando e sobrepujando os medos e mitos sobre o uso da mídia social, os quais simplesmente não são verdadeiros.

Apresentando as organizações sem fins lucrativos conectadas

ROMPENDO COM OS MITOS DA MÍDIA SOCIAL

A ordenação das ferramentas de mídia social pode parecer complexa do lado de fora – um ruído chispante de bips, cliques e bate-papos. Observar um jovem planar com facilidade por sobre o mundo da mídia social só contribui para a percepção de que ela só serve para especialistas ou adolescentes. Isso não é verdade. Mas você não precisa assumir que nossas palavras são verdadeiras; é melhor deixar que Peggy Padden explique.

O destino marcou a família de Peggy cruelmente quando dois de seus três filhos nasceram com uma desordem genética sanguínea chamada anemia falciforme, que leva a uma falha na medula óssea. O filho mais velho dela morreu após um malfadado transplante de medula, enquanto o mais novo ainda luta contra a doença. Mas Peggy é uma mulher de ação, e começou energicamente a arrecadar dinheiro para o Fundo de Pesquisa da Anemia Falciforme, a fim de ajudar a encontrar a cura para essa terrível doença. Organizou caminhadas e corridas de cinco quilômetros durante o Dia dos Namorados e Torneios de Golfe em Portland, Oregon, onde ela mora, para levantar fundos para a causa.

Em dezembro de 2007, Peggy viu um artigo na revista *Parade* sobre um novo concurso para arrecadação de fundos chamado America's Giving Challenge. A Fundação Case, família filantrópica começada pelo fundador da AOL Steve Case e sua esposa Jean, patrocinava o desafio. Eles encorajavam os indivíduos a se inscreverem no evento por meio do site da revista *Parade* ou pelo Facebook.

Por um período de 50 dias, esses indivíduos, ou campeões, competiam para arrecadar o maior número de pessoas possível para doar pelo menos 10 dólares cada um pela causa. Os oito campeões que conseguissem o maior número de amigos durante o concurso iriam receber o dinheiro que arrecadassem, mais 50 mil dólares da Fundação Case.

A reação de Peggy ao ler o artigo foi: "Isso é muito dinheiro!" Ela decidiu tentar.

Peggy foi a primeira a admitir que todas essas novas ferramentas tecnológicas – todas essas "Face-sei-lá-do-que" em suas próprias palavras – não eram destinadas a uma senhora de 50 anos como ela. Mas conhecia o suficiente delas para se virar, foi o que pensou. Leu e enviou e-mails, surfou um pouco na Web e sentiu-se bastante excitada quando aprendeu como copiar e colar em um documento de Word. Mas foi isso; Peggy deixou o resto por conta de seus filhos. Foi isso que fez com que seu sucesso no America´s Giving Challenge, um esforço para levantar fundos que se apoiava em ferramentas de mídia social como o Facebook, fosse uma surpresa tão grande.

Alguns poucos cliques no Website da revista *Parade* e Peggy já havia registrado sua causa para o desafio e adicionado seu nome como campeã. "Eu era uma iniciante; nunca havia feito nada como um **badge** antes", ela conta. "Mas fui capaz de descobrir como fazê-lo, exceto pela foto. Não conseguia deixá-la maior". Ela esperou que seu filho chegasse em casa para consertar a foto.

Uma vez que havia preparado o *badge*, Peggy começou a fazer aquilo que se sentia mais confortável: enviou e-mails para familiares, amigos e conhecidos, e para as 250 famílias da **lista de servidores** da Anemia Falciforme, e solicitou-lhes que se unissem a sua causa e doassem 10 dólares. Era bastante difícil, disse ela, mas existia a possibilidade de eles ganharem 50 mil dólares, e aquele dinheiro poderia representar uma esperança única para as pesquisas pela cura da doença. Ela também pediu-lhes que enviassem e-mails para todas as pessoas que conhecessem, falando sobre o desafio. E eles o fizeram.

A causa de Peggy começou a se espalhar on-line. Como ela se lembra: "Aqueles seis graus de separação estavam logo ali. Eu escutava de alguém que conhecia alguém que conhecia alguém que havia mandado um e-mail a todas as pessoas que conhecia. A coisa espalhou como fogo selvagem".[2]

A causa havia se tornado **viral**, o que significa que amigos de amigos estavam fazendo coisas em nome de Peggy, sem que ela tivesse lhes pedido para fazê-lo diretamente. Para o assombro dela, pessoas que ela não conhecia colocavam a causa da Anemia Falciforme em suas páginas no Facebook, em seus blogs e no MySpace. Era hora de Peggy deixar seus medos e ansiedades sobre a mídia social de lado e simplesmente saltar dentro do redemoinho no Facebook e em qualquer outro lugar em que conversações sobre sua causa estivessem ocorrendo.

Peggy não tinha qualquer plano geral ou orçamento de marketing. Ela e seus amigos apenas continuaram indo em frente e fazendo o que estavam fazendo e, de alguma forma, tudo funcionou. Ela não estava realmente certa do que as pessoas faziam e diziam em seu nome, mas isso não importava. Os resultados eram claros; muitas pessoas estavam trabalhando em nome dela e movendo amigos para dar apoio à sua causa. Peggy fornecia atualizações

Apresentando as organizações sem fins lucrativos conectadas

constantes de e-mail para seus amigos, os novos e os velhos, sobre como eles estavam se saindo no desafio.

Os esforços continuaram valendo a pena. Ela se lembra: "No começo eles pensaram que era apenas mais uma de minhas ideias malucas e que não poderíamos vencer. Então, quando nós chegamos à quinta colocação, ficamos tão excitados que checávamos o Website a todo instante para ver como estávamos em relação às outras causas. Uau, nós pensamos, isso realmente poderia acontecer!"

Quando a Fundação Case anunciou os vencedores do America's Giving Challenge, Peggy ficou em segundo lugar. Sua causa juntou 2.730 amigos e 65.539 dólares, mais os 50 mil, o que garantiu um total de 115.538 dólares.[3]

Como Peggy constatou, lembrar-se de um mundo antes da Internet não desqualifica a pessoa para também usar a mídia social. Os dados sobre a utilização de mídia social também comprovam isso. De acordo com o *Pew Center for American Life and the Internet*, a idade média para o uso da Internet está na casa dos 40, a média de usuários do Facebook está subindo e 95% da população tem telefones celulares e utiliza e-mails.[4]

O primeiro mito de que mídia social é somente para crianças foi quebrado.

Vamos continuar desvendando esses mitos:

Nossos clientes não estão on-line

A velha suposição de uma divisão digital que torna difícil o acesso à tecnologia para comunidades de baixa renda não se sustenta mais. Apesar de uma lacuna de acesso persistir, ela está se fechando rapidamente, e o uso quase universal do telefone celular no mundo em breve irá colocar um fim nesse assunto. Por um período, as organizações ainda precisarão usar formas tradicionais para chegar aos seus constituintes que tenham dificuldades de acesso on-line ou que sejam hesitantes quanto ao uso da mídia social. Mas elas também precisam se preparar para um futuro em que todo mundo irá utilizar a mídia digital.

Frente a frente não é mais importante

Nada jamais irá substituir o poder do encontro direto, frente a frente. Nenhum tipo de interação on-line pode criar a confiança que ocorre entre as pessoas em uma sala – nunca. A mídia social amplia os relacionamentos construídos pessoalmente. É importante que as organizações evitem o jogo de soma-zero da mídia social, o que significa pressupor que, apenas porque algumas coisas ocorrem on-line agora, elas deixaram de ocorrer pessoalmente. As atividades on-line e frente a frente reforçam uma a outra; assim, é preciso estar a fim para que a mudança social possa acontecer.

A mídia social não é o centro de nosso trabalho

É difícil imaginar qualquer organização engajada na mudança social em que a construção de relacionamentos, conversações e conexões não sejam o centro de seu sucesso. A mídia social fortalece os relacionamentos e as conexões com as pessoas que estão do lado de fora das paredes da organização.

Usar mídia social é difícil

Se ferramentas de mídia social fossem difíceis de serem utilizadas, elas não estariam tão amplamente espalhadas. Conforme escreveu Clay Shirky: "Ferramentas de comunicação não se tornam socialmente interessantes até que tenham se tornado tecnologicamente entediantes".[5] Mas assim como qualquer coisa na vida, dominar a mídia social requer prática. Todo mundo precisa experimentar as ferramentas para entender por que elas são tão poderosas e importantes, e para descobrir por conta própria de quais gostam mais e quais funcionam melhor para si.

Usar a mídia social consome tempo

O.k., esta afirmação é, de fato, verdadeira. Fazer uso de mídia social consome tempo, especialmente no começo, quando ainda há uma curva de aprendizado. Entretanto, uma vez que o fluxo de trabalho se transforme em hábito, as organizações sem fins lucrativos conectadas conseguem fazer mais em menos tempo. E por fim, à que as pessoas e as organizações forem se tornando mais versadas no trabalho junto às suas redes e aprendendo como distribuir as tarefas em vez de assumir toda a carga pesada para si, sua carga de trabalho geral irá diminuir.

Como Peggy Padden aprendeu, usar mídia social é fácil; mas utilizá-la de forma eficiente visando a uma mudança social é um desafio. É importante entender exatamente o que a mídia social pode fazer pelas organizações e então repensar como organizações podem trabalhar para abraçá-las.

MÍDIA SOCIAL CAPACITA
AS REDES SOCIAIS PARA A MUDANÇA SOCIAL

Este livro foi elaborado com base em uma equação simples: Mídia Social Capacita as Redes Sociais Para a Mudança Social. Quando nós discutíamos essa equação com pessoas trabalhando dentro de organizações sem fins lucrativos, elas muitas vezes perdiam a palavra-chave: social. O foco delas acabava ficando no processo operacional, quando deveria estar em abraçar caminhos de comportamento social. Essa distinção é a chave não somente para utilizar a mídia social, como também para levar a mudança social a cabo.

Uma constante na vida é que os seres humanos querem e precisam se conectar uns aos outros de maneiras significativas. Essas conexões são feitas por meio de redes sociais que são os conduítes para as conversações que geram as mudanças sociais. O trabalho de organizações sem fins lucrativos é catalisar e gerenciar essas conversações.

Quarenta anos atrás, era comum ver pessoas jogando lixo para fora do carro quando dirigiam por uma estrada. Hoje, esse não é um comportamento aceitável. A mudança não resultou dos esforços de uma pessoa ou de uma organização, nem mesmo de um apelo dos Nativos Americanos em um comercial de televisão. A mudança ocorreu porque os indivíduos começaram a ajustar o seu comportamento com base em normas que foram desenvolvidas dentro de seus círculos sociais. Ao que amigos, mães, filhos, tias e primos começaram a modificar o seu comportamento, e também o fizeram todos os outros que eles conheciam. As leis codificam esses comportamentos; elas não os criam.

Conversações por meio da mídia social incluem discussões bidirecionais entre pessoas e entre pessoas e organizações. Conversações também incluem o compartilhamento de informações on-line, como fotografias, para que amigos ou o público em geral possam ver e comentar; escrever um post em um blog que gere uma conversação na seção de comentários; e despertar a conscientização sobre determinado assunto no Facebook. Sem elas, as pessoas não doariam, protestariam, mudariam suas ideias ou aprovariam novas leis.

Nós descrevemos a mídia social como **canais** neste livro, o que significa veículos para conversações. As organizações sem fins lucrativos conectadas se envolvem em conversações com pessoas utilizando múltiplos canais de mídia social. Nós inclusive definimos o que é mudança social para este livro. **Mudança social** significa qualquer esforço feito por pessoas ou organizações que queiram fazer deste mundo um lugar melhor. Ela inclui esforços de advogar e de serviços diretos, assim como conversações entre pessoas fora das organizações sobre desafios que elas e suas comunidades enfrentam. Se a intenção for entender e resolver os problemas, melhorar a vida das pessoas ou fortalecer as comunidades, nós consideramos esses esforços como parte de um espectro mais amplo de mudança social.

As conversações ativam a criatividade natural e a paixão que as pessoas trazem para as causas com as quais se importam. Apenas pergunte a Peggy Padden o quão animadas as pessoas ficam em ajudar quando têm uma chance! É isso o que o trabalho das organizações sem fins lucrativos conectadas, como redes sociais, com a utilização da mídia social, pode alcançar.

NOTAS

1. Beth Kanter, "Mapping your Online/Offline Activism: Surfrider Fondation", Blog da Beth, postado em 6/abr/2009, em http://beth. typepad.com/beths_blog/2009/04mapping-your-on-lineoffline-activism-surfrider-foundation.html (acessado em 2/ago/2009).

2. Peggy Padden, correspondência privada de e-mail com Allison Fine, 18/set/2009.

3. Beth Kanter e Allison Fine, "The Giving Challenge: Assessment and Reflection Report", A Fundação Case, 22/jun/2009, http://www. casefoundation.org/case-studies/giving-challenge/key-results (acessado em 15/set/2009).

4. The Pew Internet and American Life Project (http://www.pewinternet. org) hospeda uma variedade de estudos e relatórios de pesquisas sobre a busca e o uso de mídia social nos Estados Unidos.

5. Clay Shirky, *Here Comes Everybody: The Power of Organizing Without Organizations.* Penguin Press, Londres, 2008, p. 105.

capítulo
DOIS

Os Desafios e as Tendências das Organizações Sem Fins Lucrativos

A ascensão da mídia social pareceu ocorrer em um instante. Em um minuto estávamos todos maravilhados com a velocidade das máquinas de fax, no minuto seguinte centenas de milhões de pessoas estavam se conectando com amigos e partilhando notícias e fotos no Facebook. Como foi tratado no capítulo anterior, a mídia social é revolucionária em seu poder de conectar as pessoas, ajudá--las a se auto-organizarem e expressarem. Mas conquanto a mídia social capacita as organizações sem fins lucrativos conectadas, ela não é o único motivo pelo qual as organizações sem fins lucrativos precisam mudar seu foco de entidades individuais para serem redes de trabalho.

Outras mudanças afetando organizações individuais e o Terceiro Setor como um todo estão acontecendo mais lentamente. Elas incluem uma crise séria de liderança somada a uma profunda transformação gerencial e o surgimento de um novo tipo de agente de mudança social que nós chamamos de *agentes livres*. Mas esses são desafios que também podem ser soluções, apesar de requererem que as pessoas e as organizações sem fins lucrativos mudem a forma de pensar. Neste capítulo, nós iremos discutir esses desafios, suas implicações e as maneiras pelas quais as Redes de Organizações Sem Fins Lucrativos podem ajudar a superá-los.

A CRISE DE LIDERANÇA

Ao longo das últimas décadas, o Terceiro Setor experimentou um crescimento espetacular de todas as formas mensuráveis. O número de organizações nos Estados Unidos subiu por volta de 30% de 1998 a 2008, algo em torno de 1,1 milhão para 1,5 milhão. O número de fundações privadas cresceu em 60% no mesmo período, de 70 mil para 115 mil organizações.[1]

Em 2005, organizações sem fins lucrativos empregavam 12,9 milhões de indivíduos ou, aproximadamente, 9,7% da economia dos Estados Unidos – mais do que o setor de atividades financeiras empregava na ocasião. E, em 2008, a receita total dessas organizações era de 307.65 bilhões.[2]

A peça central dessa expansão tem sido a criação e o crescimento de organizações individuais, cada qual com sua própria missão, suas equipes e necessidades de rentabilidade. Em *Diminishing democracy: from membership to management in american civic life*,* Theda Skocpol traça meticulosamente o surgimento de grandes organizações sem fins lucrativos e associações ao longo da história americana. Ela descreve a criação e o crescimento de associações voluntárias que agregaram valores dentro das comunidades locais ao treinarem indivíduos que tinham habilidades de liderança e capacidade de organizar tais comunidades, criando pontes entre as classes divididas por meio da participação em associações comuns e fortalecendo as comunidades com o suporte direto das pessoas e das comunidades carentes.

Diversos eventos importantes na segunda metade do século XX fizeram que as organizações sem fins lucrativos se voltassem para si e se afastassem de seus membros e das comunidades. Primeiro foi o surgimento do grupo de trabalho profissional. Com seus membros contratados como gerentes especializados, a equipe tinha que provar ser mais apta a gerenciar as suas organizações do que os voluntários que substituía. Em segundo, o número e o tamanho de fundações privadas que preferiam dar apoio ao crescimento de organizações que contavam com equipes profissionais. Terceiro, as organizações começaram a definir sucesso como crescimento de pessoas e do orçamento para satisfazer equipes, diretores e fundadores, que pressionavam as organizações individuais a levantar dinheiro. E, finalmente, o advento da tecnologia da informação permitiu que as organizações

---

* Diminuindo a democracia: da sociedade ao gerenciamento da vida civil americana. (N. T.)

16   Mídias sociais transformadoras

arrecadassem mais dinheiro de mais pessoas por meio de correspondência direta sem ter que interagir pessoalmente com elas.

O resultado foi que "causas orientadas por grupos de advogados e instituições gerenciadas de forma profissional ofereciam aos americanos mais ricos e bem-educados um menu de possibilidades para, com efeito, contratar especialistas que representassem os seus valores e interesses na vida pública".[3] No ponto de vista deles, não era necessário compartilhar com seus distantes clientes como as organizações funcionavam, o que escolhiam fazer e como isso era feito.

A incessante pressão exercida sobre organizações sem fins lucrativos para que elas crescessem financeiramente e de maneira planejada forçou-as a considerar todos os demais como concorrentes – uma barreira se você está tentando resolver problemas sociais complexos e difíceis. As organizações sem fins lucrativos pararam de se aventurar além de suas fronteiras para se envolver na solução de problemas reais junto com outras organizações e indivíduos. David Renz escreve: "A escala desses complexos problemas cresceu mais rápido que a capacidade de nossas organizações de lhes darem uma resposta".[4]

As organizações sem fins lucrativos se tornaram extenuantes, e trabalhavam todos os dias poderosamente para se catapultarem para o topo da colina.

Nós estamos escrevendo este livro em meio à profundidade da nossa maior recessão econômica em muitas gerações. O livre crescimento que muitas organizações gozaram ao longo das últimas duas décadas chegou a um estado agonizante, com muitas regredindo de tamanho e outras fechando as portas. Mas, apesar de partir o coração ver as pessoas e suas comunidades sofrerem durante essa época de grande necessidade e incerteza, os líderes de organizações sem fins lucrativos não podem permitir que a recessão mascare as falhas fundamentais que precisam ser resolvidas dentro de suas organizações.

Trabalhar sozinho contra probabilidades tão grandes levou as organizações que atuam de modo independente a enviar um coro de urgentes apelos por fundos. Esses apelos eram impregnados de exageros, usando as pessoas o tempo todo. Não estamos dizendo que os assuntos de tais apelos não eram reais ou urgentes ou de partir o coração, ou que organizações não precisam de fundos, mas sim que operar em um estado constante de pânico leva as pessoas dentro e fora das organizações à exaustão. Os hábitos e as estruturas dessas organizações desconectadas são fundamentalmente incompatíveis com o funcionamento de uma organização sem fins lucrativos conectada.

É claro, nem todas as organizações sem fins lucrativos trabalham na solidão, mantendo as suas comunidades à parte de seu trabalho. Mas muitas o fazem, por medo de perder o controle para o mundo exterior, por causa da grande pressão de capitalizar as suas organizações e por tentarem não se afogar em um ambiente em constante mudança.

Trabalhar dessa maneira é particularmente desanimador e exaustivo para os diretores executivos. O resultado – uma taxa perigosamente alta de trocas e depreciação dos diretores – criou uma enorme lacuna de liderança dentro do setor.

Por exemplo, em 2009, o Grupo Bridgespan relatou que mais de 20 mil organizações sem fins lucrativos não teriam uma liderança veterana por períodos de tempo significativos durante aquele ano. Não é que essas organizações não estivessem procurando por líderes; pelo contrário, elas não conseguiam encontrar pessoas com as habilidades, a paixão e o comprometimento necessários para desempenharem funções que cada vez mais se tornavam difíceis de serem cumpridas.[5]

Em *Working across generations,* Frances Kunreuther, Helen Kim e Robby explicam que "a crise ocorre porque a posição do diretor executivo conforme é concebida atualmente não é mais viável".[6]

Na medida em que aquela Geração Pós-guerra, fundadora de diversas organizações sem fins lucrativos, se aposenta das posições de liderança, uma geração enorme, idealista e dirigida por causas – a Geração Y ou Geração Millennial – está recusando essas inebriantes posições veteranas de gerenciamento. Todas as organizações precisam entender os Millenniais e seus estilos de trabalho se quiserem sobreviver e se lançar para o futuro.

A ASCENSÃO DOS MILLENNIAIS

Millenniais são jovens nascidos aproximadamente entre os anos de 1978 e 1992. Muitas pessoas pensam que a Geração Pós-guerra é a maior geração viva, mas, na verdade, existiam 77,6 milhões de Millenniais em comparação a 74,1 milhões de Pós-guerras em 2008. Eles são a mais diversa geração racial da história dos Estados Unidos. De acordo com o Centro de Informação e Pesquisa Sobre Engajamento e Aprendizado Cívico da Universidade de Maryland, "entre 1968 e 2006, o percentual de jovens residentes brancos caiu de 88% em 1968 para 62% em 2006. Durante o mesmo período, o percentual de jovens que são afro-descendentes ou hispânicos cresceu de 2,3 e 10,0 pontos percentuais respectivamente".[7]

Em 2008, a Fundação Case comissionou um documento chamado "Cidadãos Sociais[BETA]", que examinava o papel dos Millenniais nos esforços de mudanças sociais.[8] O documento esboçava as características únicas dos Millenniais que moldam a visão que eles têm da vida, define o efeito deles em organizações e os apontava como indispensáveis para a mudança social. O documento dizia que os Millenniais haviam crescido em uma sociedade que navegava em causas, de suas escolas e congregações à MTV, blogs, Facebook e MySpace. Os Millenniais, como todos nós, são chamados a levantar e doar dinheiro, a assinar petições e a comprar produtos ambientalmente corretos. Isso está tendo um efeito: em uma pesquisa de 2006, 74% dos Millenniais disseram que eram mais suscetíveis a comprar um produto quando sentiam que a empresa era profundamente comprometida com uma causa.[9]

Os Millenniais foram também a primeira geração a ter o voluntariado como uma atividade que começava a ser exigida nas escolas de ensino médio americanas. Em 2008, o serviço comunitário era obrigatório em 83% das escolas públicas e 77% das escolas de ensino. De acordo com a Corporação do Serviço Nacional e Comunitário, o voluntariado adolescente havia declinado entre 1974 e 1989 (20,9% e 13,4%, respectivamente), mas aumentou mais que o dobro entre 1989 e 2005 (de 13,4% para 28,4%). O número de estudantes universitários voluntários aumentou 20% entre 2002 e 2005, o que significa que eles estão mantendo o voluntariado mesmo após saírem da escola.[10]

E, é claro, os Millenniais são nativos digitais, eles nascem clicando, fazendo amigos, enviando e-mails e mensagens de texto. São a primeira geração de pessoas nascidas sem ter memória de um mundo sem a *World Wide Web*; eles são entes conectados, vidas digitais de uma maneira inteiramente nova.

Millenniais usam o MySpace e o Facebook como base para gerenciar e aumentar sua ampla rede social. Esses sites são as lanchonetes dessa geração. Sessenta e cinco por cento de adolescentes utilizam redes sociais on-line, em comparação a 35% de adultos, apesar de ambos as usarem de maneiras similares

– para manterem contato com amigos que já existem, fazerem novos amigos e traçarem planos.[11]

A combinação de idealismo e fluência em mídia social torna os Millenniais apaixonados por causas, mas não necessariamente apaixonados por organizações sem fins lucrativos. Como eles enxergam o mundo através das lentes da mídia social e das redes sociais, os Millenniais se interessam menos por instituições do que seus pais o faziam em sua idade. Eles não enxergam paredes como outros costumavam ver porque, no mundo deles, o compartilhamento de informação e poder caiu na mão dos indivíduos. Isso cria ampla distinção em suas mentes entre uma causa pela qual são apaixonados, como pesquisas de câncer, e uma organização sem fins lucrativos independente a qual eles provavelmente não darão qualquer importância.

Se os alarmes não estiverem tocando dentro das organizações lucrativas neste exato instante, eles deveriam – e alto.

Os Millenniais representam um vendaval fatal para o grande crescimento da base de membros doadores de uma organização tradicional. Eles são altamente improváveis de se tornarem membros e doadores de grupos como seus avôs foram, pelo período de uma vida. Os Millenniais são mais prováveis de manterem a paixão por uma causa e se entregarem a causas gerais, e talvez até particulares, mas também pular de organização para organização conforme um esforço em particular os mover.

As paixões dos Millenniais são fluidas; eles irão apoiar as organizações em ocasiões quando forem mobilizados a fazê-lo, e então irão se afastar. Para se adaptar e sobreviver, as organizações terão que se tornar mais flexíveis e aceitar essa nova realidade.

Outro assunto é que os Millenniais esperam que as organizações tenham a mesma fluência com a mídia social, o mesmo conforto que elas têm quando trabalham atrás das suas paredes institucionais. Assim, as organizações que ainda não trabalham como redes experimentam tensões inerentes e conflitos com os Millenniais. Engajar esses 70 milhões de apaixonadas pessoas não só como membros de uma equipe, mas também como apoiadores, arrecadadores de fundos, angariadores de amigos e organizações em seu nome é um motivo muito importante para que as organizações sem fins lucrativos se transformem em organizações sem fins lucrativos conectadas.

Millenniais, com suas paixões por causas e fluência na mídia social, são também parte de uma poderosa nova fonte de mudança social chamada de *agentes livres*. Eles são indivíduos trabalhando do lado de fora das entidades que organizam, mobilizam, levantam fundos e se comunicam com clientes. No velho paradigma, as organizações poderiam dispensar os agentes livres chamando-os de amadores, indignos de seu tempo e atenção. E se a conectividade da mídia social não existisse, elas poderiam até ter sido capazes de ignorá-los. Porém não mais, não com o poder de um movimento social inteiro na palma das mãos desses indivíduos.

Agentes livres não são Millenniais por definição, mas muitos deles são pessoas jovens. Agentes livres aproveitam as vantagens do conjunto de ferramentas da mídia social para fazerem tudo o que as organizações sempre fizeram, mas do lado de fora das paredes das instituições.

AGENTES LIVRES EM AÇÃO

Em outubro de 2008, Amanda Rose, uma jovem executiva de mercado canadense que vivia em Londres e alguns amigos – Ben Matthews, Tom Malcolm, Renate Nyborg e Tom Hoag – fizeram uma pergunta aos seus seguidores no Twitter, que na ocasião era a rede social de crescimento mais rápido na Web. Se o Facebook estava sendo amplamente usado para levantar dinheiro para instituições de caridade por meio de um **aplicativo** chamado *Causes*, será que o Twitter poderia ser usado da mesma maneira?

A resposta imediata para a pergunta foi "Sim"! A questão seguinte foi: Qual causa? Novamente, Amanda e seus colegas envolveram sua rede de amigos em uma conversação. Nós deveríamos nos focar em uma causa ou em algumas? Como poderíamos levantar dinheiro para quaisquer que sejam as causas que escolhermos? Após algumas séries de conversas abertas no Twitter, decidiram arrecadar dinheiro para uma organização sem fins lucrativos chamada charity: water, que apoia projetos para limpeza da água em países em desenvolvimento. A charity: water ia de encontro a todos os critérios que o grupo de seguidores do

Twitter estava interessado – ela tinha alcance global, era uma missão simples, e tinha uma equipe que era agradável e apreciadora da mídia social.

Um plano tomou forma por meio de mais conversações no Twitter. O Twestival, conforme o esforço acabou sendo conhecido, ocorreria no dia 12 de fevereiro de 2009, com uma meta original de 40 a 50 eventos ocorrendo por todos os Estados Unidos com o intuito de arrecadar dinheiro para a charity: water. Amanda ficou chocada quando mais e mais pessoas se voluntariaram para organizar Twestivais locais. O esforço rapidamente chegou à marca de 75 eventos, e então ultrapassou o número 100 com eventos em lugares como Inglaterra, Alemanha, Argentina, Japão e até na África. Eventualmente, ao longo do curso de apenas três semanas, o Twestival tinha 202 eventos marcados em todo o mundo.

Amanda e a charity: water permitiram que o Twestival se tornasse aquilo que os organizadores locais quisessem que ele fosse. Alguns eventos foram organizados, como jantares em restaurantes, que concordaram em dar descontos pela comida e bebida. Os organizadores usaram o Twitter para espalhar a palavra, mas também contataram a mídia local – incluindo jornais, estações de TV e bloggers – para tornarem os eventos públicos. Eles também pediram que companhias doassem itens para leilões, organizassem coquetéis e jantares, e fizessem rifas.

Começando na Ásia no dia 12 de fevereiro, o Twestival se desvelou por todo o globo, abrindo caminho por Europa, África, Américas do Norte e do Sul e terminando em Honolulu à meia-noite, no horário do Pacífico. No final, o Twestival arrecadou mais de 250 mil dólares para a charity: water – com um custo zero para a organização.[12] O esforço inaugural do Twestival não foi o seu último, ao que ele continuou a espalhar o alcance e o poder de arrecadar fundos em todo o mundo (a Figura 2.1 mostra o logotipo do Twestival).

Amanda Rose se tornou o Bob Geldoff da sua geração. Tendo começado na década de 1980, Geldoff organizou concertos em ampla escala por todo o globo, levantando dinheiro para aliviar a pobreza. Esse exemplo refletia o modelo da era da propaganda do século XX, que requeria enormes montantes de capital, o poder das celebridades e a contratação de equipes, técnicos e consultores para ser bem-sucedido.

Mas o Twestival refletiu a visão de Amanda como uma Millennial, fazendo uso da mídia social para capacitar as redes descentralizadas de indivíduos que voluntariaram tempo e talento para organizar por conta própria pequenos eventos em todo o mundo. Amanda é uma agente livre tremendamente poderosa para a mudança social.

Agentes livres ativistas são uma parte importante da equação da mudança social. Eles não representam competição para os organizadores, mas sim aliados, **influenciadores** excepcionais que podem atrair um grande número de pessoas novas que darão o seu apoio para diversas causas – conquanto sejam bem engajadas.

Muitos agentes livres, como Amanda Rose e Peggy Padden, estão trabalhando em nome de organizações sem fins lucrativos. Outros não estão conectados a nenhuma organização em particular.

**Figura 2.1
Logotipo do Twestival**

Fonte: Reimpresso com a permissão de Amanda Rose.

Em dezembro de 2007, Laura Stockman, de 10 anos de idade, prometeu fazer 25 boas ações até o Natal em memória de sua avó que havia morrido no ano anterior. A menina começou um blog, Vinte e Cinco Dias Para Fazer uma Diferença, para compartilhar suas ideias e esforços com outras pessoas na esperança de que elas quisessem fazer o mesmo.

Os esforços dela ressoaram nas pessoas, incluindo diversos bloggers filantrópicos e a palavra começou a ser espalhada na blogosfera. Em suma, a mídia local de sua cidade natal, Buffalo, em Nova York, compartilhou sua história. Após a primeira semana blogando, Laura tinha 16 mil visitantes em seu Website de todo o país e também do mundo, incluindo China, Austrália, África e América do Sul.

Laura continuou a blogar após o primeiro Natal, se envolvendo em conversações contínuas com os leitores sobre causas nas quais eles estivessem interessados, projetos em que outros poderiam querer ingressar e voluntariado em geral. Ela ajudou a levantar milhares de dólares para causas como a ASPCA (Sociedade Americana para a Prevenção de Crueldade Contra Animais) e auxiliou abrigos a receberem doações de roupas e livros.

Algumas organizações podem considerar os agentes livres como bombas-relógio – indivíduos imprevisíveis, sem treinamento e sem supervisão, que vagam por um território desenhado especificamente para profissionais. Mas dispensá-los tão rapidamente poderia representar a perda de uma boa oportunidade. Os agentes livres são uma parte fundamental desse novo cenário e um importante e excitante componente da rede de mudança social. E as organizações sem fins lucrativos precisam trabalhar com eles para ir adiante, não contra eles nem apesar deles.

A ORGANIZAÇÃO
TRABALHANDO COM AGENTES LIVRES

O surgimento dos agentes livres não diminui a necessidade das organizações sem fins lucrativos. Elas servem como uma memória institucional de uma comunidade e dão apoio a especialistas que precisam de salários e fundos para realizar seu trabalho. Fora isso, as organizações são mais fáceis de capitalizar do que os indivíduos e podem criar centros de informação e recursos. Nós precisamos de organizações sem fins lucrativos, mas precisamos também que elas se tornem algo diferente, melhor e mais eficiente do que têm sido, para engajar as pessoas que lhes dão suporte e resolver problemas sociais.

Uma maneira em particular pela qual as organizações podem se modificar é abraçando os agentes livres. Os relacionamentos entre eles e as organizações podem ser mutuamente benéficos. Os agentes livres precisam da especificidade das organizações sem fins lucrativos e de sua estrutura para prover aos seus esforços uma infraestrutura programática e legal. Entretanto, as organizações precisam ser ágeis e abertas o suficiente para alavancar os agentes livres e suas redes sociais energéticas.

As organizações sem fins lucrativos estão começando a chegar aos agentes livres. Tyson Foods, em parceria com a Share Your Strenght, o Banco de Alimentos do Texas e grandes bloggers como Chris Brogan, patrocinou a Promessa para Acabar com a Fome. Para cada mil pessoas que assinassem o formulário de promessa disponível on-line, Tyson doaria 34 libras dos produtos alimentícios Tyson para o Banco de Alimentos. Agentes livres foram encorajados a blogarem a respeito da campanha e a espalharem a palavra de outras maneiras criativas. Mais de 5 mil promessas foram feitas.[13]

Existem algumas regras de envolvimento quando se trabalha com agentes livres, tais como:

Conheça os agentes livres

As organizações precisam priorizar a construção de relacionamentos pessoais com agentes livres que sejam pessoas-chave em suas redes. Agentes livres podem ser bloggers ou Twitterers, organizadores de grandes causas no Facebook, ou pessoas apaixonadas com listas de e-mail enormes. As ferramentas que eles usam para construir e nutrir as suas redes não são tão importantes quanto a influência que eles exercem fora das paredes das organizações. As entidades precisam conhecer quem são os agentes e quais as suas paixões. Leia os seus blogs e e-mails, telefone para eles, leve-os para almoçar, descubra por que eles fazem o que fazem. Construa confiança agora e ela será recíproca no futuro.

Quebre os silos

A etnógrafa Danah Boyd escreveu: "Nós vivemos em redes homogêneas e a auto-organização amplia as facções".[14] As organizações sem fins lucrativos precisam ajudar as pessoas a saírem de suas facções e não reforçá-las. "O voluntariado está certamente disseminado e neste sentido ele é um etos,* mas é um

---

* Etos: termo utilizado em Antropologia, que significa o conjunto de características de um povo ou grupo que o diferencia dos demais. (N. T.)

etos que também é um eco", diz Harry Boyte, o fundador e codiretor do Centro para a Democracia e Cidadania, no Instituto de Assuntos Públicos Hubert H. Humphrey, da Universidade de Minnesota.[15]

*Os jovens e agentes livres precisam explorar e aprender
sobre os assuntos e separar seus sentimentos em relação a eles*

Organizações sem fins lucrativos podem ajudar a criar esses locais de exploração. Os agentes livres precisam desafiar o pensamento das organizações e advogar sem a pressão de estar em conformidade com a sabedoria convencional ou com qualquer pauta em particular.

Não ignore o recém-chegado

Isso talvez possa ir contra a semente do pensamento organizacional, gastar energia cultivando relacionamentos com recém-chegados sem credenciais e talvez jovens. Mas ignorá-los é perder uma oportunidade, já que você nunca sabe com quem eles irão partilhar suas histórias, qual a paixão deles por uma causa e sua capacidade de mobilizar as outras pessoas para a ação.

Tome Drew Olanoff como exemplo. Ele ficou surpreso ao descobrir que tinha câncer aos 20 anos de idade. Entretanto, dois de seus grandes bens não lhe deixaram na mão nesse crítico momento: seu senso de humor e a facilidade com a mídia social. Drew criou um Website, *www.blamedrewscancer.com*, e uma pagina no Twitter para compartilhar sua raiva e usar o seu senso de humor para ajudá-lo a lidar com o diagnóstico. Ele decidiu culpar o seu câncer por todas as coisas do dia a dia, como perder as chaves do carro ou terminar com sua amada Phillies.

A palavra se espalhou sobre os esforços irônicos de Drew. Eventualmente, Lance Armstrong escreveu no Twitter que ele estava culpando o câncer de Drew pela dor que vinha sentindo em seu ombro. Drew então escreveu como convidado no blog LIVESTRONG no qual os leitores eram encorajados a doar um dólar por reclamação. Lance e o LIVESTRONG entenderam que seria importante abraçar Drew e sua rede de apoiadores.

Mantenha aceso o sinal de bem-vindo

Mesmo se um agente livre for apaixonadamente envolvido com uma organização por um período, isso não significa que ele continuará assim no futuro. É por isso que eles são agentes livres! Eles vêm e vão ao seu bel prazer, não de acordo com o comando da organização. Ainda assim, mantenha as portas abertas para eles retornarem quando quiserem com suas amplas redes e sua enorme vontade de trabalhar.

Deixe-os ir

Agentes livres podem não fazer o que as organizações querem que eles façam, mas isso não significa que eles não estão participando e ajudando. Por exemplo, em vez de doar, eles podem colocar o megafone para fora e pedir que toda sua rede de contatos participe e doe. Eles podem também providenciar ou alavancar doações na forma de bens ou serviços e ajudar a organizar eventos. As organizações precisam deixar os agentes livres participarem quando e como eles quiserem.

Não tenha medo de seguir

Pode ser difícil para equipes de profissionais admitirem que não foram elas que tiveram uma boa ideia. Mas se preocupar com quem surgiu com uma ideia é puro desperdício de energia. As ideias não precisam nascer dentro das paredes de uma instituição para serem boas. As organizações precisam escutar as boas ideias que estão por aí, alavancá-las (ou partes delas) e abraçar as pessoas que as originaram sem que haja a necessidade de "possuir" o agente livre ou a ideia em si.

Nós mal começamos a ver a miríade de formas pelas quais as pessoas podem utilizar a Web social para compartilharem as paixões que têm por suas causas favoritas. Os agentes livres são um recurso grande e que ainda não foi aproveitado pelas organizações do Terceiro Setor. Com um pouco de entendimento, encorajamento e pensamento estratégico, as organizações e os agentes livres irão se tornar recursos notáveis uns para os outros.

CONCLUSÃO

A necessidade de mudar a forma como as organizações sem fins lucrativos são estruturadas e operam não pode ser ignorada. A mídia social fornece um tipo de incentivo urgente para que elas se modifiquem e abracem as novas ferramentas e ritmos de trabalho de forma conectada. Mas a crise de liderança e a estrutura das organizações sem fins lucrativos, o surgimento dos Millenniais e dos agentes livres, não podem mais ser ignorados ou dispensados. Eles colocam em evidência a necessidade de abraçar essa nova maneira de pensar e trabalhar como redes conectadas. Nós começamos nossa jornada de transformação explorando todos os elementos – funcionar como redes sociais, simplificar o trabalho, tornar-se transparente e construir relacionamentos externos – que tornam as organizações sem fins lucrativos conectadas tão eficientes.

NOTAS

1. Centro Nacional de Estatísticas de Caridade, Visão Geral do Terceiro Setor Norte-americano, http://nccs.urban.org/statistics/index.cfm (acessado em 2/out/2009).

2. Setor Independente, "Facts and Figures about Charitable Organizations", atualizado em 30/out/2009, http://independentsector.org/programs/research/research.html (acessado em 25/set/2009).

3. Theda Skocpol, *Diminished democracy: from membership to management in american civic life,* University of Oklahoma Press, Norman Oklahoma, 2003, p. 219.

4. David Renz, "Reframing Governance", Nonprofit Quarterly, inverno de 2006, p. 8.

5. O Grupo Bridgespan, "Finding Leaders for America's Nonprofits", 30/jun/2009, http://www.bridgespan.org/finding-leaders-for-americas-nonprofits.aspx (acessado em 13/jul/2009).

6. Francis Kunreuther, Helen Kim, Robby Rodriguez, *Working across generations: defining the future of nonprofit leadership,* Jossey-Bass/John Wiley & Sons, São Francisco, 2009, p. 10.

7. Centro de Informação e Pesquisa Sobre Engajamento e Aprendizado Cívico, "2006 Youth Demographics", CIRCLE Fact Sheep, http://www.civicyouth.org/?page_id=154, p. 8.

8. Allison Fine, "Cidadãos Sociais[BETA]", A Fundação Case, 2008. O documento completo pode ser baixado em www.socialcitizens.org.

9. Cone Research, "Civic Minded Millennials Prepared to Reward or

Punish Companies Based on Commitment to Social Causes", Cone 2006 Millennial Cause Study, Cause Marketing Forum, http://www.coneinc. com/Pages/pr_45.html (acessado em 4/jun/2009).

10. Corporação Para o Serviço Nacional, "Volunteer Growth in America: A Review of Trends since 1974", Learn and Serve Clearinhouse, 2006, http://www.servicelearning.org/library/lib_cat/index.php?library_id=7084 (acessado em 12/jun/2009).

11. Amanda Lenhart, "The Democratization of Online Social Networks", Pew Internet and American Life Project, 15/out/2009, http://www.pewinternt. org/Presentation/2009/19-Similarities-and-Differences-in-Online-Social-Network-Use.aspx, slide 8 (acessado em 23/out/2009).

12. Amanda Rose, entrevista pessoal com Allison Fine, em 29/jun/2009.

13. Informação adicional está disponível em Tyson Hunger Relief, 5/mar/2009, http://hungerrelief.tyson.com/blog/2009/3/5/would_you_pledge_to_end_hunger.aspx (acessado em 5/set/2009).

14. Danah Boyd, correspondência privada de e-mail com Allison Fine, 13/nov/2008.

15. Cynthia Gibson, "Citizens at the Center: A New Approach to Civic Engagement", 31/mai/2006, A Fundação Case, http://www.casefoundation.org/spotlight/civic_engagement/summarypage4 (acessado em 21/jul/2009).

PARTE UM

Como se Tornar uma Organização Sem Fins Lucrativos Conectada

Todo mundo pensa em mudar o mundo, mas ninguém pensa em mudar a si mesmo.

— Leo Tolstoy

Entendendo
Redes Sociais

capítulo
TRÊS

As organizações sem fins lucrativos conectadas mudam o foco de trabalhar como organizações isoladas para fazer parte de uma rede social mais ampla que existe dentro e fora das paredes institucionais. Isso permite que elas transformem em um instante uma ideia ou um descontentamento em um exército de patrocinadores apaixonados pela mudança social.

Tradicionalmente, as organizações enxergavam a si próprias através de lentes autocentradas. Ver a si próprio e à sua organização como o centro do universo com as outras pessoas e organizações orbitando ao seu redor – fornecendo-lhe fundos, atenção e voluntários para tudo de que você necessita – vai na contramão de um mundo energizado pela mídia social e pela conectividade. Outras organizações e indivíduos não estão esperando por instruções sobre o que fazer; elas estão falando, fazendo e se conectando, tomando como base as próprias necessidades e interesses. As organizações sem fins lucrativos conectadas sabem disso e estão se reorientando para se envolverem com agentes livres individuais e outras organizações em suas redes.

As organizações não precisam criar essas redes sociais; elas já existem ao redor de nós em uma variedade de formas. As Organizações Sem Fins Lucrativos Conectadas fortalecem e expandem tais redes ao construírem relacionamentos dentro delas para engajá-las e ativá-las em prol dos esforços da organização. As organizações sem fins lucrativos conectadas também sabem como identificar, alcançar e cultivar os influenciadores dentro de suas redes sociais, que é a chave para conseguir crescer rapidamente e sem custo.

Redes sociais vêm em muitas formas e tamanhos. Neste livro nós iremos nos focar em:

- Redes sociais pessoais que incluem famílias e amigos, membros da vizinhança, companheiros congregados e pessoas que têm hobbies.

- Redes profissionais de colegas que atuam dentro das organizações, mais as pessoas que trabalham em agências parceiras, fundadores, agências governamentais, associações, entre outras.

- Redes auto-organizadas de indivíduos em sites como o Facebook nos quais as pessoas voluntariamente se tornam "amigas" das outras.

- Redes de pessoas criadas por organizações sem fins lucrativos específicas. Isso significa, essencialmente, tirar membros de seus bancos de dados e conectá-los uns aos outros através de redes sociais on-line que organizações como a charity: water estão hospedando em seus próprios Websites.

As organizações sem fins lucrativos conectadas trabalham eficientemente com qualquer combinação dessas redes. Nós chamamos essas combinações de redes sociais repletas de indivíduos e entidades que são parte do ecossistema da organização.

Neste capítulo nós iremos explicar o que são as redes sociais e como elas operam. Iremos definir os componentes das redes sociais e descrever como mapeá-las, a fim de identificar os caminhos para fazer que elas cresçam e se fortaleçam. Finalmente, iremos examinar como as organizações podem **tecer** essas redes para criar a mudança social.

O CONTEXTO MUTÁVEL DAS REDES SOCIAIS

A natureza é abundante em exemplos de organização de trabalho e vida em benefício do grupo. Colmeias, rebanhos e alcateias permitem que abelhas, búfalos e coiotes se organizem e protejam a si próprios em benefício dos membros individuais e do grupo inteiro. Os seres humanos se organizam de maneira semelhante; nós costumávamos chamá-los de tribos. Agora nós os chamamos de redes sociais.

34 Mídias sociais transformadoras

Na última metade do século XX, a natureza dessas redes começou a mudar. Nós nos tornamos uma sociedade móvel, nos movimentando para os pontos mais distantes do país e da Terra em números cada vez maiores. Essa mobilidade pôde ser particularmente percebida nos períodos de trabalho numa mesma organização, que tem se encurtado ao longo dos últimos anos. De acordo com o Departamento de Trabalho dos Estados Unidos, profissionais de qualquer grupo etário estão ficando em seus trabalhos por períodos mais curtos de tempo do que suas contrapartes faziam nos anos 1980. Por exemplo, em 2008, pessoas de 25 a 34 anos de idade mantinham seus atuais empregos por uma média de 2,7 anos, enquanto em 1983 a média era de 3 anos.[1] O efeito devastador que a mobilidade teve nas comunidades foi capturado dramaticamente por Robert Putnam em seu livro *Jogando boliche sozinho*, publicado em 2000. Libertos de nossas extensões com as famílias e comunidades, trabalhando mais horas, hipnotizados pelo entretenimento em casa, nos tornamos uma nação de sedentários, sentados sozinhos em nossos lares.

Próximo ao final do século, essa tendência começou a ser revertida. As ferramentas de mídia social, como e-mail e redes sociais on-line como o Facebook e o MySpace começaram a conectar milhões de pessoas umas com as outras e reformular as vizinhanças on-line. Essas novas redes deram início a lugares para que acenássemos virtualmente para um vizinho na esquina ou nos atualizássemos das últimas novidades da mercearia. Comunidades on-line não são substitutas das conexões frente a frente, e elas nunca serão, mas eles servem, sim, ao importante propósito de nos manter conectados com os nossos amigos mais antigos e nos capacitar a conhecer gente nova.

De fato, essas redes são bem mais do que pontos de encontros on-line aleatórios. Redes sociais têm estruturas específicas e padrões. A fim de se relacionar bem com elas, as organizações precisam entender seus tijolos fundamentais.

ENTENDENDO AS REDES SOCIAIS

Em seu nível mais básico, redes sociais são estruturas simples e intuitivas. Elas têm dois componentes principais: pessoas ou organizações chamadas **nós** (em linguagem de rede) e as conexões entre ambos, chamadas **elos**. Os nós são importantes, é claro, mas sem os elos, a rede social não existe. Por exemplo, bebês envolvidos com brincadeiras paralelas são como nós de redes sem os elos. Essas crianças estão fisicamente ao redor de outras pessoas, mas estão essencialmente brincando sozinhas.

Os **eixos** são os maiores nós dentro das redes, o que significa que eles são pessoas ou organizações que têm muitas conexões. Eixos são influenciadores na rede, as pessoas que conhecem e são conhecidas por todas as outras. Elas adoram partilhar informações e conectar as pessoas umas com as outras e com recursos.

É claro, eixos já existiam antes da mídia social. Em seu livro seminal sobre planejamento urbano, *A vida e morte das grandes cidades americanas,* Jane Jacobs descrevia os eixos em sua vizinhança no final dos anos 1950 da seguinte maneira: "A estrutura social da vida nas calçadas se apoia parcialmente no que pode ser chamado de personalidades públicas autonomeadas. Uma personalidade pública é qualquer um que esteja em frequente contato com um círculo mais amplo de pessoas e que seja suficientemente interessado em fazer de si próprio uma personalidade pública. Sua principal qualificação é que ele é público, que fala com muitas pessoas. Dessa forma, as novidades que são do interesse da calçada, viajam".[2]

Os eixos fazem que as coisas on-line se tornem "virais". Tornar-se viral acontece quando grande número de pessoas assistiu a um vídeo ou leu o post de um blog ou clicou em alguma coisa. A palavra pode começar a se espalhar de amigo para amigo, mas o ponto fundamental ocorre geralmente quando um eixo começa a compartilhar as novidades. Jake Brewer, ex-gerente de Internet da Energy Action Coalition, descreve os esforços de sua organização para cultivar eixos em suas redes para trabalharem em seu nome da seguinte maneira: "Se nós obtivermos mil visualizações de um vídeo, isso é bom. Os comentários vêm de um grupo focal formado pelos nossos influenciadores. Se eles gostaram, irão espalhá-lo por todo o YouTube".[3] Alcançar e envolver os eixos como a organização de Brewer fez é o caminho mais eficiente e barato para espalhar novidades e ideias, elevar a conscientização e ativar as pessoas para fazerem algo por uma causa.

O *status* de um eixo não ocorre por conta da posição que ele tenha dentro de uma organização. Qualquer um dentro de uma organização, a despeito de sua posição, pode se tornar um eixo, assim como um blogger ou um usuário do Twitter. Agentes livres também podem ser eixos em suas redes. Indivíduos influentes que têm seus próprios blogs como David Armano e Chris Brogan enviam seus leitores para vários lugares da Web para lerem posts em outros blogs, assistirem vídeos e darem início a conversações a favor e contra companhias e causas. Armano descreve sua rede como uma vizinhança on-line onde as pessoas conhecem e se importam umas com as outras.

As redes também têm pontos centrais. O **centro** é o conjunto de pessoas que fazem a maior parte do trabalho em qualquer projeto ou esforço. Clay Shirky descreve essa dinâmica em *Here comes everybody.** "Menos de 2% dos usuários da Wikipedia contribuem; entretanto, já é o suficiente para algo de profundo valor para milhões de usuários". Essa falta de balanço, chamada **lei do poder da distribuição**, se aplica à maior parte das áreas da Web social. Um pequeno punhado de blogs é o que dirige a maior parte do tráfego, e um pequeno número de usuários do Twitter tem o maior número de seguidores.[4]

Clusters são pequenos grupos de pessoas que se conectam entre si, mas que têm poucas conexões com o resto da rede. Eles ocorrem em organizações que tendem na direção de silos. Com frequência, os clusters se isolam das outras partes da rede, sendo necessários esforços intencionais para fazê-los se conectarem com os demais.

As estruturas de rede discutidas até aqui, de acordo com a nossa experiência dentro das redes sociais, são intuitivas e inteligíveis. Entretanto, duas características adicionais das redes são contraintuitivas, mas essenciais à eficiência delas.

Primeiro, a beirada ou **periferia das redes** é vital para o seu crescimento. A hierarquia tradicional das organizações não passaria muito tempo prestando atenção à periferia porque ela não parece ter tanto poder ou influência dentro da rede quanto o centro ou os eixos. Ainda assim, as pessoas da periferia são importantes porque elas são prováveis participantes de outras redes, talvez até mesmo o centro ou os eixos delas. Esses indivíduos podem contribuir para o crescimento da rede social ao se conectarem com outras redes sociais e trazerem novas pessoas, energia e ideias. Dessa maneira, a periferia desempenha um papel crítico na elasticidade das redes e permite que elas tenham um crescimento e uma expansão mais acelerados.

---

* Aí vem todo mundo. (N. T.)

Entendendo redes sociais **37**

A segunda noção contraintuitiva sobre redes sociais é a de que redes efetivas são feitas não apenas de elos fortes entre os nós, mas de uma combinação entre elos fortes e frouxos. Elos fortes são os relacionamentos que você tem com amigos próximos ou parentes. Elos frouxos são conexões mais leves que conhecidos têm uns com os outros. Esses elos mais leves podem ser poderosamente ativados em prol de uma causa.

Um exemplo da ativação de elos frouxos para uma causa foi a campanha presidencial de Barack Obama. Os apoiadores chegaram uns aos outros por meio de suas redes sociais utilizando e-mail e o Facebook, e encorajando todas as pessoas que conheciam a apoiarem os seus candidatos. Eles não selecionaram somente pessoas que sabiam ser politicamente ativas, eles selecionaram todo mundo, incluindo primos de segundo e terceiro graus e amigos da época da escola. E funcionou. Os apoiadores de Obama eram frequentemente pessoas que jamais haviam sido politicamente ativas antes. Elas foram mobilizadas para dar apoio à candidatura dele por uma ampla variedade de motivos, mas um mecanismo especialmente efetivo foi a solicitação de amigos e parentes para que o fizessem.

A mídia social contém ferramentas notadamente poderosas para nutrir laços que se afrouxam ao longo do tempo. A blogger Lisa Reichelt descreve isso como a habilidade que a mídia social tem de criar um ambiente de intimidade. Ela escreveu: "A intimidade de um ambiente tem a ver com conseguir manter contato com pessoas com uma regularidade e intimidade tal que você normalmente não conseguiria, porque o tempo e o espaço conspiram contra isso".[5]

Laços frouxos são criados on-line diariamente quando amigos da época da escola se reconectam por meio do Facebook. Isso teria requerido um tremendo trabalho para ser alcançado no mundo físico. O poder da intimidade do ambiente é que, uma vez que os laços são estabelecidos on-line, eles são fáceis de serem mantidos. Só o que é preciso é um e-mail ocasional ou um post no Facebook para compartilhar as novidades familiares, pedir conselhos ou simplesmente fazer um breve contato. Dessa forma, a intimidade do ambiente torna as redes sociais geograficamente maiores do que elas seriam em terra.

De um ponto de vista geral, as redes que são compostas inteiramente de elos fortes não se expandem; elas são facções firmemente integradas. Redes feitas somente de elos frouxos são fracas demais para conseguir fazer qualquer coisa. As redes sociais formadas com base na combinação de elos fortes e frouxos podem movimentar a informação através de si com velocidade e eficiência à medida que crescem e adicionam novas pessoas.

Agora que sabemos os componentes das redes sociais – os nós, elos, eixos e periferia –, é importante "ver" uma rede para entender como ela funciona e como pode ser fortalecida e expandida. Precisamos mapear uma rede a fim de podermos vê-la.

MAPEANDO A ORGANIZAÇÃO
DE UMA REDE SOCIAL

Ferramentas de **mapeamento de redes** sociais vão de simples a complexas, de gratuitas a caras, de baixa tecnologia a alta tecnologia (confira o quadro complementar para uma relação de exemplos). Um software de alta capacidade para a análise de redes sociais pode gerar imagens deslumbrantes, que produzem uma miríade de dados interessantes sobre quem está conectado com quem.

Mas não se sinta desanimado se sua organização não puder arcar com essas ferramentas – você ainda pode mapear sua rede. Um método de mapear o ecossistema de uma organização é à mão. Outra forma é utilizar ferramentas on-line gratuitas para mapear uma rede social em um canal de mídia particular, como o Facebook ou o Twitter. Descreveremos ambos os processos a seguir.

O mapeamento com análise e desenho à mão livre descrito aqui é baseado no incrível processo de baixa tecnologia desenvolvido por Eva Schiffer, enquanto ela trabalhava na África, em um projeto fundado pelo Instituto Internacional de Pesquisa sobre Política Alimentar e o Programa Desafio sobre Água e Alimentos da CGAIR.[6] Nós modificamos os processos de Eva tomando como base nossas experiências e o contexto do mapeamento de redes sociais com propósitos domésticos para as organizações sem fins lucrativos. A única coisa que os mapeadores precisarão para este processo é vontade de se engajar, um bloco de notas grande, um punhado de canetas marca-texto coloridas e *sticky notes* de cores diferentes.

Como exemplo, nós iremos desenhar a rede social de uma organização hipotética chamada O Clube do Livro Infantil. O Clube do Livro Infantil é uma organização que doa livros para crianças que vivem em abrigos. Os voluntários reúnem livros doados e os entregam nos abrigos como presentes para as crianças. Apesar de parecer simples, esse esforço requer um grupo de indivíduos e organizações trabalhando em conjunto para serem bem-sucedidos e sustentáveis.

Indivíduos-chave e organizações são chamados para participarem do processo de mapeamento. Para O Clube do Livro Infantil isso significa equipe, voluntários, o pessoal dos abrigos e doadores. Eles começam discutindo o que esperam aprender com base na ação de mapeamento e que tipo de problemas ela poderá resolver. O Clube do Livro Infantil quer descobrir quem são os eixos em sua rede e quem está na periferia, a fim de engajar mais pessoas de categorias diferentes em seus esforços.

O grupo então faz um *brainstorm* sobre os nós em sua rede. Quem são as pessoas-chave e as organizações que precisam ser incluídas no mapa? Elas fornecem informação, serviços e fundos? Cada tipo de nó é identificado com um *sticky note* colorido diferente. Os nós do Clube do Livro Infantil incluem as pessoas na sala, mais as agências de serviço social dos condados, os editores de livros que podem doar os exemplares e a biblioteca pública.

Os nós são registrados nos *sticky notes* e posicionados no bloco de notas. Linhas conectam os nós uns aos outros. Pode ser que os *sticky notes* precisem ser manobrados à medida que as linhas começarem a ficar mais complicadas. O grupo discute como os nós se conectam, se existem arranjos formais ou informais entre eles, e se o relacionamento é uma via de mão única (com uma flecha apontada naquela direção) ou se ela vai e volta (com a flecha apontada em ambas as direções). Elas também indicam a força dos relacionamentos: uma linha mais grossa para elos fortes, ou pontinhos para elos frouxos. Uma vez que isso esteja completo, O Clube do Livro Infantil tem um mapa básico de sua rede que ilustra visualmente quem está conectado a quem – e como – em seu ecossistema.

O que O Clube do Livro Infantil pode aprender a partir deste exercício?

Ele pode aprender que os eixos da rede são os abrigos para as crianças, em vez da organização em si. Isso confirma o que todos suspeitavam – que os abrigos, e não a organização, são os que dirigem de fato o programa. Isso também pode ser legal para todos, pois ajuda a determinar com certeza como organizar e gerenciar os esforços que os movem para a frente.

O mapa também é bom para ilustrar quem está ausente no ecossistema virtual. Os dois grupos que mais influenciam as crianças talvez não estejam no mapa: pais e escolas. Essa descoberta pode dar início a uma conversação sobre o motivo de eles não estarem presentes e como convidá-los para que participem mais do programa.

É claro, as organizações estão envolvidas com mais do que uma rede social em seus esforços. Para tal fim, as organizações também podem mapear redes sociais on-line desenvolvidas por meio de ferramentas como o Twitter e o Facebook para ter um entendimento mais amplo e *insights*. Para mostrar como isso é feito, usaremos como exemplo uma organização real e mapearemos sua rede social no Twitter.

Wildlife Watch é um programa da Federação Nacional da Vida Selvagem. Sua meta é encorajar as pessoas a apreciar a vida selvagem e sua conscrvação, e compartilhar as observações que fizerem com outros, em um banco de dados on-line. Jessica Jones administra o programa. Parte de seus esforços envolve engajar as pessoas no Twitter para que ouçam e contem histórias sobre os esforços de indivíduos que ela chama de "cientistas-cidadãos", para que participem na catalogação do mundo natural que as cerca. No momento da concepção deste texto, Jessica tinha 1.565 seguidores no Twitter.

Jessica queria saber quem eram os influenciadores em sua rede no Twitter. Então, decidiu usar uma ferramenta de análise social gratuita chamada Mailana, para analisar a comunidade do Twitter.[7]

O mapa na Figura 3.1 mostra que a rede de Jéssica tem por volta de meia dúzia de "influenciadores" ou eixos. Esses indivíduos ou organizações passaram para frente ou retwitaram o maior número das mensagens de Jéssica.

Esses eixos têm algumas características interessantes. Primeiro, eles estão todos conectados proximamente uns dos outros, exceto por aquele que está na periferia. Em segundo, há uma diferença no tamanho das linhas entre o programa da Vida Selvagem e esses seis influenciadores. Mapear os eixos permite a Jéssica focar sua energia em construir relacionamentos com eles. O eixo que está na periferia não é um náufrago, mas uma oportunidade para que ela construa relacionamentos com uma rede mais distante.

Entendendo redes sociais **41**

Figura 3.1
Wildlife Watch: mapa dos influenciadores do Twitter

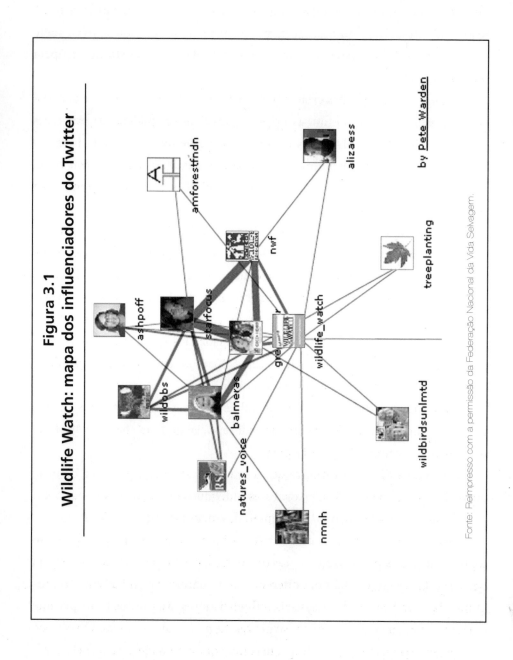

Fonte: Reimpresso com a permissão da Federação Nacional da Vida Selvagem.

Esses dois exemplos mostram o quanto o mapeamento é útil para o entendimento das redes sociais e para melhorar sua efetividade em prol das organizações. Mas saber como uma rede social se parece é uma coisa; ser capaz de utilizá-la em benefício da mudança social é outra. A questão que a organizações precisam fazer e responder é: Como você ativa as pessoas nessas redes sociais para fazer algo em prol de sua organização e de suas causas?

O TEMPERO NÃO TÃO
SECRETO DA REDE: CAPITAL SOCIAL

Nós sabemos com base em nossa própria experiência que algumas redes sociais, digamos uma rede de graduados ou uma congregação, são muito enérgicas e ativas. Nessas redes, informações e recursos são facilmente compartilhados e de graça, e as pessoas curtem as participações e se beneficiam delas. De forma inversa, outras redes sociais são apáticas. Nada acontece nelas, ninguém partilha ou faz coisa alguma, e as pessoas não parecem ter qualquer energia ou direcionamento. Qual é a diferença entre ambas as redes? A primeira tem um monte do tempero não tão secreto – o **capital social** – e a segunda não tem.

Capital social é algo que faz que os relacionamentos sejam significativos e alegres. Dentro desses relacionamentos, duas coisas em geral existem: confiança e reciprocidade. As pessoas fazem coisas umas para as outras porque elas confiam que suas motivações sejam boas e que receberão algum retorno em algum momento do futuro. Quando uma pessoa abandona tudo no meio da noite para ajudar um amigo a trocar um pneu, confiança e reciprocidade existem. Quando alguém doa 20 dólares para uma causa que talvez não a interesse, mas que é a paixão de seu irmão, ela o faz por causa do capital social.

Mídia social constrói capital social. Em particular, redes sociais on-line estão repletas dele. É por isso que as pessoas estão conectadas umas com as outras. E as organizações precisam construir, nutrir, fortalecer e usar esse capital para que a mudança social ocorra.

Vamos comparar um cenário que tenha uma carência de capital social com um que esteja transbordando dele.

Entendendo redes sociais **43**

Imagine que você receba um e-mail de joesmith@children.com com o seguinte título: "Salve as Crianças!". O e-mail contém uma foto de uma criança sentada em uma sala de aula em sua cidade, sem qualquer livro ou material escolar. A mensagem pede que você envie a foto para dez vizinhos e considere fazer uma doação para a Associação de Pais e Mestres de uma escola local. Você não conhece Joe Smith, não tem filhos em escolas locais, acabou de dar dinheiro na semana passada para uma causa com a qual simpatiza, está superocupado e há mais dez e-mails em sua caixa de mensagens esperando para serem lidos. O provável é que você apague esse e-mail imediatamente.

Agora imagine que sua vizinha, Grace, diretora da APM local, envie para você um e-mail com o mesmo título – "Salve as Crianças" –, mas de sua conta pessoal. Você o abre porque conhece Grace e confia nela. Você também sabe que ela irá perguntar sobre o e-mail quando se encontrarem mais tarde, quando estiverem passeando com o cachorro. Fora isso, você estava mesmo pensando em perguntar-lhe se ela levará sua salada de frango asiática para o jantar que a Igreja está organizando para o próximo domingo, de modo que seria legal se já tivesse feito alguma coisa especial com ela. Então, você lê o e-mail, faz um depósito de 10 dólares para o fundo da escola, e repassa-o para seus amigos.

A sua relação com Grace está cheia de capital social por causa da interação que ambos tiveram um com o outro ao longo dos anos. A mídia social pode criar e sustentar relacionamentos on-line que sejam igualmente cheios de capital social.

É importante reconhecer quando o capital social existe e quando não existe. Por exemplo, as pessoas podem forjar relacionamentos durante uma experiência particularmente intensa, digamos, no primeiro ano de faculdade ou na primeira semana de trabalho em um novo emprego. Mas, quando a experiência míngua, isso também ocorre com a relação. Essa amizade não contém qualquer capital social; ela foi simplesmente o produto de algumas circunstâncias em particular.

De forma parecida, as organizações podem pensar que têm mais capital social do que realmente têm. Por exemplo, Dave doou dinheiro para a pesquisa sobre o câncer em resposta a um pedido de seu amigo Fred. Dave é fortemente conectado a Fred, mas apenas levemente conectado a organizações de pesquisa sobre o câncer. A organização começa a enviar a Dave malas-diretas para a arrecadação de fundos e ele as ignora, porque não tem qualquer capital social construído com a organização. Dave *poderia* se tornar conectado a uma organização, mas apenas se esta se aproximasse e construísse elos fortes diretamente com ele. Se a organização confundir o cheque de Dave com seu capital social, então o relacionamento está condenado.

A mídia social constrói capital social porque:

É mais fácil encontrar as pessoas on-line e em diversos canais

É mais fácil para os indivíduos encontrarem uns aos outros on-line sem intermediários, corretores ou organizações ficando no caminho. Também é mais fácil para as organizações encontrarem as pessoas porque aquilo que elas fazem, gostam e acreditam é visível.

Falar é fácil

Ter conversações on-line não custa nada, diferente das condições impostas pelos minutos de celulares e pelos selos do correio simples. Sem essas barreiras, pessoas e organizações podem ter múltiplas conversações sem que haja qualquer aumento no custo. Adicionalmente às palavras e aos pensamentos, as pessoas também podem partilhar fotos e vídeos on-line de graça. Os usuários da mídia social podem enviar mensagens de organizações para suas redes sem custo adicional para a entidade. Como resultado, o custo para escalonar esforços on-line pode ser desprezível para as organizações.

A capacidade de fazer descobertas é amplificada on-line

As pessoas podem se encontrar, e também as organizações e causas on-line, sem a necessidade de introduções formais. Elas podem simplesmente trombar uma na outra ou se procurar mutuamente e desenvolver relacionamentos inesperados e poderosos.

A reciprocidade é incrivelmente fácil

A reciprocidade convencional pode demandar tempo e esforço. Você pode ter de comprar um cartão e um selo, ou de cozinhar alguma coisa para fazer um agrado, ou de lembrar-se de telefonar na última hora para agradecer a alguém. A reciprocidade on-line é incrivelmente fácil e barata. Enviar um e-mail de agradecimento pode ser feito de graça em questão de segundos. Postar uma nota de obrigado no Facebook para que sua comunidade veja é muito simples e mais poderoso, porque é uma ação pública. O mesmo pode ser dito de se ligar a alguém em um blog, passar adiante uma mensagem do Twitter ou postar uma lista de doadores em um Website. Agradecer às pessoas generosamente em público é uma forma incrivelmente fácil e poderosa de gerar capital social on-line.

A mídia social é um mecanismo para fazer todas essas coisas. Ainda assim, alguém, em algum lugar, tem de fazê-lo de fato. Essa pessoa envia o link de um vídeo para um influenciador que ajuda a torná-lo viral, faz comentários em um blog para estreitar o relacionamento com aquele blogger e cria tarefas cabíveis para sua rede social, que capacitem muitas pessoas a desenvolver uma ideia ou atividade juntas. Essa pessoa é um tecelão da rede.

TECENDO A REDE EM PROL DA MUDANÇA SOCIAL

Tecer a rede é um termo cunhado por Valdis Krebs e June Holley.[8] Eles descrevem um conjunto de habilidades que ajuda a fortalecer e construir redes sociais. Esses esforços on-line espelham o tipo de envolvimento, construção de relacionamento e habilidades de facilitação que são elementos cruciais da organização da comunidade em terra.

Os esforços de estrategistas de mídia social sem fins lucrativos que são tecelões de redes estão evidenciados ao longo deste livro. Alguns, como Wendy Harman, da Cruz Vermelha, Carie Lewis, da Sociedade Humana, Tom Subak, da Paternidade Planejada, e Jake Brewer, da Fundação Sunlight, trabalham dentro de organizações, enquanto agentes livres, como Peggy Paddon e Amanda Rose, tecem suas redes mantendo-se do lado de fora das organizações. Muitos desses profissionais do Terceiro Setor são fluentes em mídia social, mas, conforme aprendemos com a experiência de Peggy, isso não é pré-requisito para se tornar um grande tecelão de redes – o aprendizado contínuo de novas maneiras de utilizar a mídia social para tecer as redes também é uma habilidade importante e necessária. Os tecelões energizam suas redes não apenas por fazê-las, mas também por despender um tempo considerável ensinando colegas, amigos e vizinhos a tecer suas próprias redes.

As atitudes de um tecelão de redes incluem:

- Apresentar e conectar pessoas entre si.
- Facilitar conversações autênticas que sejam significativas para seus participantes. Muitas vezes essas conversações transformam-se em ação imediata, e outras ocorrem simplesmente para construir relacionamentos.
- Compartilhar recursos, links e informações sem nenhuma expectativa de obter uma resposta direta da outra pessoa.
- Construir relações com os membros da rede ao fazer coisas como conectar seus posts em um blog e comentar nos blogs deles, inseri-los às redes sociais on-line e celebrar suas contribuições.
- Trabalhar com muitas pessoas diferentes em múltiplos canais como e-mail, Facebook, Twitter, blogs e até mesmo pessoalmente, em encontros face a face.
- Tratar todos os membros da rede de forma igual, independentemente da posição formal que ocupem em uma organização.
- Convidar pessoas com pontos de vista diferentes para as conversas e facilitar os diálogos, de forma que os pontos de vista possam ser compartilhados.

Os tecelões de redes fornecem as razões para que os indivíduos se importem com as causas e as organizações. Eles moldam as conversações e identificam maneiras específicas para que as pessoas se ajudem. Eles as inspiram a compartilhar uma mensagem ou ideia, a doar dinheiro e a transmitir a legislação que derradeiramente fará a mudança social acontecer.

Os tecelões de redes não precisam ser extrovertidos ou a alegria das festas. Craig Newmark, o fundador da Craiglist, é uma pessoa tímida, mas que usa a mídia social como um maestro para conectar as pessoas umas às outras, compartilhar informação e coordenar esforços. Os tecelões de redes também não precisam ter alguma posição em particular dentro de uma organização. Organizações maiores talvez tenham uma equipe designada a fortalecer a presença dela pelo uso da mídia social. Entretanto, eles não são os únicos tecelões dessa organização.

Entendendo redes sociais **47**

Qualquer um pode ter a habilidade de engajar as pessoas do lado de fora das paredes utilizando a mídia social.

Tecer a rede é um aspecto criticamente importante para o uso eficiente da mídia social. Quando descrevemos as formas específicas pelas quais as organizações podem utilizar a mídia social para progredir em seus esforços – por exemplo, trabalhar com grandes números de pessoas em um projeto, levantar fundos ou governança – tecer a rede se torna de vital importância para o sucesso organizacional.

CONCLUSÃO

Mudar o foco dos esforços de sua organização para as redes sociais que existem dentro e fora dela é um passo vital para engajá-las em prol da mudança social. As redes estão repletas de pessoas e instituições que querem ajudar. Cabe às organizações fornecer o capital social para tecer a rede e colocá-lo em movimento. E, quando elas o fazem, coisas maravilhosas acontecem.

Passos para identificar o mapeamento das redes

- Identifique um time de mapeamento.
- Identifique o processo de mapeamento que melhor se coaduna às suas necessidades.
- Mapeie seu ecossistema.
- Facilite uma conversação com sua equipe. Aqui vão algumas questões (use as questões de mapeamento).
- Determine se e como a tecelagem da rede está acontecendo em sua organização.
- Estabeleça um treinamento para fazer a tecelagem da rede.

Técnicas de mapeamento organizacional

O mapeamento organizacional pode assumir muitas formas. Nós compartilhamos aqui algumas descrições com base no trabalho que Steve Waddell fez sobre mapeamento estratégico em "Diagnósticos Visuais Para Mapeamento e Mudança de Escala".

- **Web Crawls.** Esta abordagem mapeia e analisa relacionamentos entre URLs, fornecendo uma imagem de como as organizações e os temas estão conectados virtualmente, o que é tremendamente importante seja qual for a estratégia. Como as URLs são geralmente associadas com organizações, os **crawls** rapidamente identificam organizações que trabalham em um sistema temático particular.

- **Web Scrapes.** Os Web scrapes usam tanto análise de texto automática quanto manual nos Websites. O propósito é identificar o uso de palavras-chave e frases, assim como quem está utilizando cada uma delas.

- **Rede de Análises Social/Organizacional/Interorganizacional.** Esta é a análise clássica da rede social aplicada especificamente para entender os relacionamentos dentro das organizações e entre elas. Essas abordagens descrevem a existência e a importância relativa de relacionamentos entre os indivíduos e as organizações.

- **Mapeamento Conceitual.** Com frequência em situações complexas, lentes de conceitos particulares ou "cortes" em um tema trazem *insights* novos para atividades e relacionamentos. Os exemplos incluem olhar dentro de tipos de relacionamentos em termos do setor organizacional ou ver como atividades se comportam quando são consideradas diferentes estágios ou fases. Há várias maneiras para se mapear isso sucintamente, dependendo do tema.

- **Mapeamento Mental.** Esta técnica representa o relacionamento entre um conceito central e palavras, ideias ou tarefas relacionadas. Isso apoia o planejamento, a resolução de problemas e a tomada de decisões.

Fonte: Steve Waddell, "Diagnósticos Visuais Para Mapeamento e Mudança de Escala", http://www. scalingimpact.net/content/strategic-mapping-and-visual-diagnostics-scaling-change (acessado em 12/jan/2010).

QUESTÕES PARA REFLEXÃO

- Quais organizações trabalham no ecossistema para o seu tema de mudança social? Elas estão presentes no Facebook, no Twitter ou em outras redes sociais? Quem são seus colaboradores em potencial?

- Você está conectado ou não a essas organizações? Desenhe linhas. Identifique os eixos e os clusters. Quem são os elos frouxos? Quais são os relacionamentos entre sua organização ou os conceitos nesse sistema? O que influencia quais aspectos ou jogadores nesse sistema?

- Quais são os diferentes papéis em seu ecossistema?

- Qual é o relacionamento entre ideias competitivas e complementares e conceitos centrais? Como você pode fazer uso desses relacionamentos para refinar as mensagens e desenvolver sinergias?

- Se a sua organização tem uma presença organizacional no Facebook, no Twitter ou em outras redes, como ela se parece? Quantos amigos ou seguidores tem? Quem são os influenciadores ou eixos?

- Os membros da sua equipe ou do conselho estão no LinkedIn? Dê uma olhada em seus perfis públicos no LinkedIn. Há influenciadores ou nós importantes nessas redes com os quais você precisa cultivar e construir relacionamentos a fim de fazer seu trabalho?

- Pense sobre os pontos de contato que você tem com as pessoas em sua rede ou que o pessoal de sua equipe tem em suas redes. Você está se conectando somente para pedir dinheiro ou colocar as coisas em andamento? Pense em reciprocidade: o que você já deu à sua rede antes que lhe tivessem pedido? Como você está estimando, agradecendo e celebrando as pessoas que são importantes em sua rede on-line?

NOTAS

1. Ilana Bare, "Keeping a Bag Packed at Work: Employees Today Are More Apt to Job Than Ever Before", *San Francisco chronicle*, 30/abr/1999, (acessado em 13/out/2009).

2. Jane Jacobs, *The death of American Cities,* Random House, Nova York, 1960, p. 68.

3. Beth Kanter, "Riffing on David Armano's Listen, Learn and Adapt: Need Your Organization's Adaption Stories!" Beth's Blog, 5/fev/2009, http://beth.typepad.com/beths_blog/2009/02/riffing-on-listen-learn-and-adapt-need-your-organizations-adaption-stories.html (acessado em 23/set/2009).

4. Clay Shirky, *Here comes everybody,* 2008, Penguin Press, Nova York, p. 125.

5. Leisa Reichelt, "Intimidade do Ambiente", *Disambiguity,* 2/mar/2007, http://www.disambiguity.com/ambient-intimacy (acessado em 23/jun/2009).

6. Eva Schiffer, Net Map Toolbox Web site, http://netmap.wordpress.com/about/ (acessado em 21/jun/2009).

7. Beth Kanter, "New Twitter Tool Mania Helps Me to Visualize Strong Ties in My Network", Beth's Blog, 21/mar/2009, http://beth.typepad.com/beth_blog/2009/03/new-twitter-tol-mailana-helps-me-visualize-strong-ties-in-my-network.html (acessado em 3/out/2009).

8. Valdis Krebes e June Holley, "Building Smart Communities through Network Weaving", 2002, www.orgnet.com/BuildingNetworks.pdf (acessado em 1/mai/2009).

capítulo
QUATRO

Criando uma Cultura Social

Ofuracão Katrina deixou uma trilha de destruição e horror em seu caminho. Uma organização que enfrentou críticas significativas por conta da lentidão em responder ao furacão foi a Cruz Vermelha Americana. Infelizmente, ela não percebeu a crítica serpenteando por toda a blogosfera simplesmente porque não estava escutando. O problema não foi que a organização não se importava com as críticas – na verdade, ela não tinha a capacidade de escutá--las e rastreá-las on-line, quanto mais se envolver com elas.

Em resposta, a Cruz Vermelha Americana deu início a sua estratégia de mídia social. Contratou Wendy Harman como integradora de mídia social para "combater" os bloggers e aumentar a **transparência** organizacional. "Parecia que estávamos indo para a guerra", disse Wendy, cujo título atual é de diretora de mídia social. "Havia preocupações por causa de comentários negativos – medo até".

Wendy e seus colegas começaram um esforço para escutar o que era dito on-line. Suas metas: corrigir a informação errada, se informarem sobre a opinião pública, rastrear tendências de conversações, identificar os influenciadores e construir relacionamentos. Wendy se lembra, "primeiro nós precisávamos escutar e nos envolver antes que pudéssemos fazer qualquer coisa bem-sucedida com a mídia social". Para a surpresa de todos na Cruz Vermelha Americana – incluindo Wendy – a maioria das conversações que eles escutaram inicialmente era positiva.

O que começou como um experimento para escutar, a princípio com bloggers e então no Twitter, catalisou tanto uma crescente adoção interna da mídia social quanto uma mudança nos relacionamentos que a organização tinha com o mundo. Por exemplo, a organização tinha bloqueado anteriormente o acesso para sites de redes sociais como o Facebook de dentro do trabalho por motivos de segurança. Mas, em dezembro de 2008, a equipe responsável por levantar os fundos trabalhou com os amigos que tinha no Facebook para conseguirem uma doação de 50 mil dólares da Fundação da União Ocidental. Baseada nessa experiência, a equipe sênior reconheceu as oportunidades que o Facebook apresenta e deu aos empregados acesso a ele.[1]

Fora de suas paredes, a Cruz Vermelha Americana vê agora comentários negativos como uma oportunidade para se envolver com os críticos, educá-los, e também ao grande público, a respeito de algum tema, e assim melhorar o que estão fazendo.

De fato, usar e escutar a mídia social tem se tornado parte de programas de desenvolvimento. Em um caso, Wendy leu um post de um blog reclamando sobre uma aula da Cruz Vermelha em uma filial local. Ela encaminhou-o imediatamente para o diretor da filial, que entrou em contato com a blogger.

A blogger descreve o que ocorreu a seguir: "Alguém encontrou o post em meu blog e contou ao diretor da filial local. Ele me telefonou para conversar de forma honesta a respeito do assunto. Eles se importam comigo e estão realmente dispostos a tentar me agradar. Isso marcou muitos pontos para a Cruz Vermelha Americana. Agora, estou, de fato, muito mais disposta a assistir a outra aula do que estava antes".

À medida que o uso da mídia social pela equipe foi crescendo, tornou-se claro para Wendy e seus colegas que desenvolver um manual de **política de mídia social** poderia ajudar a guiar a equipe e expandir o uso da mídia social para eventos futuros. O manual de política – traçado e aprovado em 2009 – encoraja as equipes, as filiais e os voluntários a participar da mídia social como embaixadores da Cruz Vermelha, sem serem demasiadamente prescritivos e restritivos quanto ao uso (ver Figura 4.1).

"Aberta", "justa" e "sabe escutar" são palavras agora associadas à Cruz Vermelha Americana, graças a uma estratégia de mídia social que foi além de traçar meras regras e ferramentas para sua equipe. Houve uma reorientação fundamental da organização que afetou os papéis de todas as equipes e melhorou seu envolvimento com o público. A organização deu princípio a uma **cultura social**.

Não é fácil para as organizações fazerem as mudanças para uma cultura social. Isso requer que os líderes organizacionais pratiquem pessoalmente o uso da mídia social. Esse uso penetra então nas organizações, criando instituições que trabalhem de forma mais aberta e inclusiva em ambientes menos punitivos.

A cultura organizacional vem da fusão da psicologia, de atitudes, de experiências e de crenças das pessoas que lideram as organizações. Outros dentro e fora das organizações reagem a esses padrões e normas. A organização cultural predominante afeta a forma como a equipe trabalha individualmente e em conjunto, e informa e molda como a organização se cruza com o resto do mundo.

Muitas organizações e pessoas das equipes se consideram sociais. Elas são amigáveis e fáceis de lidar, sediam eventos, e agradecem regularmente aos doadores. Neste livro, nós utilizamos o termo "social" de maneira diferente. Nós o utilizamos para simbolizar o poder de a mídia social mudar os relacionamentos entre as pessoas dentro e fora de uma organização. Essa "social-idade" reflete mais do que hábitos individuais; ela se refere a organizações como a Cruz Vermelha Americana que trabalham diferentemente das formas tradicionais das organizações.

Trabalhar socialmente desafia pressuposições organizacionais profundamente arraigadas em relação à liderança, aos papéis e à estrutura. Ela força organizações a pensar firmemente sobre o que é importante gerenciar e o que pode ser deixado sem controle. A cultura social ataca o cerne do que as organizações valorizam e o modo como elas operam.

Organizações com cultura social:

- Usam a mídia social para se envolver em conversações de duas vias sobre o trabalho da organização com as pessoas dentro e fora dela.
- Abraçam os erros e assumem riscos calculados.
- Recompensam saber escutar e refletir.

Criando uma cultura social

- Usam uma abordagem do tipo "tente e conserte enquanto seguimos em frente", a qual dá ênfase ao sistema de reportar qualquer falha imediatamente.

- Superam a inércia organizacional ("Nós sempre fizemos assim") por meio de discussões abertas e consistentes.

- Apreciam informalidade e individualidade e entendem que não são indicativos de falta de cuidado, de profissionalismo e de qualidade.

- Confiam na equipe para tomar decisões e responder rapidamente a situações, em vez de se arrastarem em infinitos processos de aprovação.

O Instituto Monitor chama a mudança organizacional para uma cultura social de *trabalhar wikily*.[2] Trata-se de uma brincadeira com o termo *wiki*, um espaço de trabalho on-line para que pessoas e organizações colaborem com ideias e estratégias. A mudança para trabalhar wikily está mostrada na Figura 4.2.

Outro modo de descrever uma cultura social vem do blogger Geoff Livingston, que se refere à transição para a cultura social como algo que se move de "silos" para "colmeias". Ele diz: "A arquitetura de uma colmeia permite a transferência e a interação de informação fluida entre os papéis, assim como um acesso mais aberto para o exterior".[3]

Organizações com cultura social gastam muito tempo falando com pessoas de fora da organização, por meio de uma variedade de canais de mídia social. São conversações reais, que buscam persuadir as pessoas a se comportarem e a agirem de determinadas maneiras, e não como fachada para um motivo oculto.

Todo mundo em uma organização – não apenas um departamento – está envolvido nessas conversações. Quando as conversas começam, as pessoas passam a trombar umas com as outras não somente no fim do corredor ou perto do bebedouro, mas também no Facebook e no Twitter. Essas interações casuais as capacitam a aprender e a compartilhar suas experiências e ideias, e também a falar sobre o trabalho da organização. O resultado: ideias únicas e inovadoras que podem vir de contribuidores novos e pouco usuais.

Organizações sem cultura social podem, ainda que de má vontade, dar autorização para equipes juniores ou estagiários começarem a utilizar as ferramentas de mídia social. Essas organizações podem criar uma página no Facebook ou um blog, e podem até obter alguma tração com isso. Entretanto, com o tempo, esses esforços enfraquecerão, porque o oxigênio necessário para que tenham sucesso – conversações autênticas – requer atenção da liderança e apreciação para existir.

Figura 4.1
Manual de política e de operações
de mídia social da Cruz Vermelha

wharman

Search this site

Social Media Strategy Handbook

CrossnetToolkit2009.7.16

Manual de Mídia Social para Unidades Locais da Cruz Vermelha

Introdução / Manual Completo em PDF (link para o documento anexado chamado 2009.7.16SocialMediaHandbook.doc) / Manual em Powerpoint inclui manual ppt chamado Manual de Mídia Social) / FAQ / Contato

Manual de Mídia Social

Escute / Aprenda / Participe / Crie / Programe

Ferramentas de Mídia Social

Blogging / Facebook Page / Facebook Cause/ Flickr / YouTube / Twitter

Introdução

Este manual se destina a todos da Cruz Vermelha interessados em como a mídia social pode nos ajudar nos serviços críticos de nossa missão.

American Red Cross Personal Online Communications Guidelines

Estas informações irão familiarizá-los

Linhas Gerais de Direção de Comunicação On-line da Cruz Vermelha

COMUNICAÇÕES CORPORATIVAS

Se sua unidade está planejando usar as ferramentas de mídia social para enviar uma mensagem ou aumentar uma campanha de comunicação, a Comunicação e Marketing pode aconselhá-lo a desenvolver uma estratégia na Web 2.0.

Por favor, revise as Linhas Gerais de Direção de Comunicação para comunicações pessoais e contate Wendy Harman no número (202) 303-4080 ou no endereço HarmanW@usa.redcross.org

1. Para obter ajuda em lançar sua campanha desenvolvendo uma estratégia de mídia social para sua filial ou região.
2. Para notificar as sedes nacionais sobre as suas atividades on-line oficiais.

COMUNICAÇÕES PESSOAIS

(continua)

Criando uma cultura social **57**

Figura 4.1
Manual de política e de operações de mídia social da Cruz Vermelha

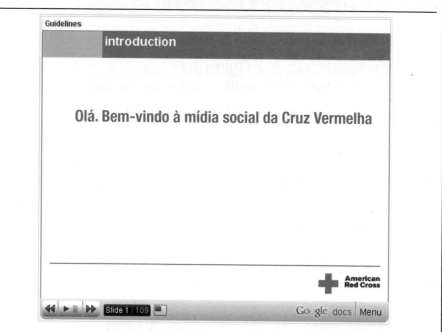

Figura 4.2
Tendências de silo *versus* modos de trabalho social

O que quer dizer "trabalhar wikily"?

Formas Estabelecidas de Trabalhar		Formas Wikily de Trabalhar
• Centralizado	⟷	• Descentralizado
• Controlado firmemente	⟷	• Controlado frouxamente
• Planejado	⟷	• Emergente
• Proprietário	⟷	• Público
• Comunicação de uma via	⟷	• Conversação de duas vias

Onde você está nesses dois continuums? A resposta será diferente para situações diferentes.

INSTITUTO MONITOR

Fonte: Instituto Monitor, "Trabalhar Wikily: Como as Redes Estão Mudando a Vida Social", 29 de maio, 2008, http://workingwikily.net/?page_id=149 (acessado em 23/mai/2009). Reimpresso com permissão do Instituto Monitor.

Com ou sem o conhecimento ou a aprovação dos líderes das organizações, o comportamento social está começando a acontecer dentro de quase todas as entidades. Membros de equipes compartilham informações sobre suas organizações com amigos, por meio de e-mails enviados e de postagens em páginas pessoais no Facebook que muitas pessoas podem ver. Bloggers escrevem sobre organizações e comentaristas desses blogs dão continuidade às discussões.

As organizações não podem impedir que isso aconteça – e nem deveriam tentar. Compartilhar informação e conectar-se com pessoas fora das organizações

Criando uma cultura social

são ações que ocorrem naturalmente, ainda mais com o poder da mídia social nas mãos de todos.

Dito isso, a adoção discreta de baixo para cima só fará bem por pouco tempo e para esforços pequenos. A cultura organizacional não irá mudar sem que os líderes comprem a ideia e deem seu apoio.

MUDAR É DIFÍCIL

Nosso amigo Sam nos contou esta história sobre sua frustração em trabalhar para uma organização hierárquica que não estava pronta para abraçar a cultura social:

Eu sou um profissional de desenvolvimento que trabalha para o Terceiro Setor. Sinto-me confortável em utilizar redes sociais e outros sites de mídia social. Apesar de utilizá-los como indivíduo, vejo grande potencial para as tentativas de levantar fundos para minha organização sem fins lucrativos.

Não muito tempo atrás, criei um pequeno conflito ao defender que nosso jovem grupo de profissionais voluntários (pessoas que apresentam os diversos eventos para levantar fundos e uma das responsabilidades de meu cargo) deveria começar a usar imediatamente o Facebook, incluindo o passo de convidar atuais membros da instituição para se juntarem ao grupo que a organização tem lá. O departamento de marketing me pediu que redigisse uma proposta completa sobre o Facebook e obtivesse a aprovação deles sobre qualquer coisa que o grupo postasse antes de seguir adiante.

O jovem grupo de profissionais ficou revoltado. Agora eles estão usando o Facebook por conta própria. Recentemente, concordaram em me adicionar como administrador do grupo.

Isso poderia ter sido evitado se tivéssemos apenas mantido algum tipo de conversação entre os departamentos sobre nossa política e abordagem para sites de redes sociais – daquilo que podemos fazer pessoalmente e/ou individualmente, até o modo como iremos apoiar e facilitar ou trabalhar com a autoformação de grupos em redes sociais que querem dar suporte à nossa organização. Minha oferta para ajudar a dar o impulso inicial, pesquisar e desenvolver a política do desenvolvimento de redes sociais no trabalho (de uma perspectiva de levantar fundos) também foi recusada.

Por que a nossa instituição está presa em silos, e como podemos fazer a transição para fora disso, de forma a conseguirmos distribuir com eficácia uma estratégia de rede social por todos os nossos departamentos?[4]

A experiência de Sam mostra que coisas ruins acontecem com organizações que trazem seus velhos comportamentos para o mundo on-line. A organização não irá mudar até que sua liderança pense diferentemente em relação à mídia social e esteja aberta a ter conversações com a equipe sobre o seu uso. De fato, organizações que tentam utilizar a mídia social sem ter uma cultura social ficam bastante solitárias on-line. Elas acabam perdendo as conversas consistentes e eletrizantes que ocorrem lá fora, no ciberespaço, sobre temas que dizem respeito a elas simplesmente porque não estão escutando nem participando.

Enquanto algumas organizações não são capazes de fazer a mudança para se tornarem sociais porque estão paradas no tempo, outras são Moscas-Brundle. Lembram-se do filme *A mosca*? O personagem principal Seth Brundle, interpretado por Jeff Goldblum, acidentalmente se mistura com uma mosca doméstica e se torna uma grotesca criação híbrida que ele chama de Mosca-Brundle. Assim também ocorre com organizações que começam as transições, mas nunca as terminam, e acabam por se aprisionar em um purgatório de enervante desapontamento. Essas organizações são Moscas-Brundle.

Em 2007, a Fundação Overbrook avaliou 75 entidades beneficiadas pelos direitos humanos para estimar o seu uso de mídia social. Metade desses beneficiados relatou ter blogs, mas apenas metade destes, um quarto do total, permitia comentários. Tais organizações assumiam que, ao se abrirem para conversações, receberiam automaticamente uma inundação de críticas e reclamações para todo mundo ver, incluindo os fundadores e membros da diretoria.[5] Essas organizações eram Moscas-Brundle, na metade do caminho entre os silos e as colmeias, trancafiadas em antigas culturas organizacionais do medo.

Quer uma organização se recuse a mudar, quer esteja presa na transição, a realidade está no fato de que as organizações não têm outra opção senão se transformar. A alternativa é ficar para trás em um mundo mais aberto e social. Organizações que caíram no hábito de gastar montantes enormes de tempo pensando e se preocupando sobre tudo que pode dar errado irão achar essa transição particularmente desafiadora.

Sim, algo pode dar errado, mas há muito mais coisas prováveis de dar certo quando uma organização se abre. E, apesar de usuários novos poderem encarar o medo da crítica, a maior ameaça para uma organização é o ensurdecedor silêncio que ocorre quando elas são antissociais e isoladas da comunidade. Como Wendy Harman da Cruz Vermelha diz: "Silêncio é indiferença, e isso é pior do que comentários negativos".[6]

Assim, o primeiro passo para líderes organizacionais se tornarem mais sociais é encarar, e, esperançosamente, superar os medos do que poderia dar errado caso se abrissem pessoal e profissionalmente ao uso da mídia social.

O QUE NÓS MAIS TEMEMOS É...

O medo que os marinheiros de primeira viagem têm de utilizar a mídia social e se abrir são reais e compreensíveis. Eles atingem diretamente o coração daquilo que muitos líderes organizacionais aprenderam como o seu serviço: proteger sua organização de qualquer mal ao controlar todas as coisas que acontecem dentro e fora de suas paredes. Bill Traynor chama a esse medo de perder o controle, de "vertigem". Ele escreve:

> Vertigem é um estado causado pela perda de equilíbrio em relação ao meio ambiente. Mover-se de um ambiente tradicional para um ambiente de rede ou conectado pode causar um tipo de vertigem, porque o ambiente é radicalmente diferente. Ele opera a partir de regras diferentes e responde a outros estímulos. Armado somente com as perspectivas e habilidades afiadas em cenários tradicionais, uma pessoa que tenta liderar sua organização em um ambiente de rede pode achar a tarefa preocupante e desorientadora.[7]

O medo da mudança organizacional pode assumir vida própria. Ele se torna o medo do desconhecido, o medo de cometer um erro em público, o medo de perder o controle, de ver-se privado definitivamente da sua agenda e dos seus cartões de visita.

Como disse uma diretora de comunicação: "Eu sei que preciso mudar, sei que a cultura da mídia social irá levar ao sucesso, mas tenho medo e simplesmente não consigo me desprender de todas as coisas que aprendi sobre controlar a mensagem". As regras que ela havia aprendido de cor se foram. As fórmulas que sempre funcionaram, como designar pessoas específicas para falar em nome de sua organização e cortejar correntes da grande mídia para espalhar a mensagem, não funcionam mais. Ela não consegue conduzir a si própria para substituí-las com algo tão fluido e novo como a mídia social.

Outro diretor de comunicação brincou que a maior ironia a respeito de mídia social é que "se trata do único assunto a respeito do qual o pessoal do departamento de comunicação e do jurídico concordam: não podemos fazer mídia social porque não conseguimos controlá-la".

Segue uma lista dos medos que escutamos dos líderes das organizações sobre o que os impedem de abraçar a mídia social. Queríamos relacionar muitos mais, na esperança de que o reconhecimento deles pudesse ajudar as pessoas a dar o primeiro passo rumo à sua superação.

Nós tememos a mídia social porque:

- Ela nos fará parecer amadores se demonstrarmos nosso lado humano e revelarmos projetos e planos inacabados.

- Comprometerá a qualidade do nosso trabalho por causa das abreviaturas e da gramática pobre.

- Abre-nos à crítica pública, que preferimos fingir que não existe.

- Fere a marca de nossa organização.

- Abre as comportas de informações que irão nos inundar.

- Faz que a equipe sênior se torne mais acessível para muitas pessoas que querem o tempo dela.

- Permite que os membros da equipe escrevam algo que possa ser difamatório.

Criando uma cultura social **63**

- Leva a alguém que faz lobby em seu nome e compromete o seu *status* de isenção de impostos.

- Encoraja funcionários a passarem grandes períodos escrevendo no Facebook, assistindo a vídeos no YouTube e enviando e-mails pessoais.

Alguns desses medos são de fato verdadeiros. Os posts em blogs terão erros de imprensa, as pessoas irão criticar os esforços da organização e a equipe irá mesmo passar um tempo assistindo a vídeos no YouTube. Entretanto, eles não geram consequencias graves e não deveriam ser impedimentos para que as organizações abraçassem a mídia social. Além disso, políticas organizacionais que já existem, como acordos de confidencialidade, políticas de assédio, políticas pessoais e políticas quanto ao uso da Internet, já abordam alguns desses medos.

Organizações, e seus líderes em particular, precisam falar sobre esses assuntos diretamente com a equipe. Elas precisam ver como outras organizações se abriram e aprenderam a viver com esses medos e a reduzi-los.

O que eles não podem fazer é entregar, então, o *kit* de ferramentas sociais nas mãos do estagiário de verão para "resolver" o problema da mídia social. Estagiários e funcionários recém-contratados podem e deveriam estar envolvidos em ajudar a levar as organizações ao uso da mídia social, mas não sendo deixados por conta própria em um cubículo no fim do corredor. Os líderes organizacionais precisam aprender por si mesmos por que o Twitter e o Facebook podem parecer idênticos de longe, mas são bastante diferentes quando utilizados. E a única maneira de fazer isso é colocando a mão na massa. Os líderes precisam experimentar eles mesmos o prazer, o poder e a excitação que vêm de se conectar com amigos e estranhos on-line em torno de um propósito ou assunto em comum.

O USO DE MÍDIA SOCIAL PESSOAL

A boa notícia para as pessoas hesitantes em relação ao uso da mídia social é que elas provavelmente já estão usando algumas dessas ferramentas. Quase todo mundo usa e-mail, surfa na Web e tem um telefone celular. A próxima etapa para as organizações é entender como utilizá-las estrategicamente para a mudança social. O ponto de partida é a prática pessoal.

Ellen Miller teve que fazer ela mesma a transição para o mundo social. Ela é líder de uma organização sem fins lucrativos, com uma carreira de 40 anos como advogada para práticas governamentais mais abertas e responsáveis. Em 2006, Ellen se tornou a cofundadora da Fundação Sunlight, que usa o poder da Internet para tornar as informações sobre o Congresso e o Governo Federal mais acessíveis e significativas aos cidadãos. Para se dar bem nesse novo papel, Ellen precisou mudar sua maneira de pensar sobre a forma que trabalhava e o papel de sua organização. Ela descreve sua mudança assim: "Foi o clássico 'ter uma luz'. Eu percebi que esta nova mídia era uma maneira de engajar as pessoas com um custo muito menor e com maior eficiência. Mas isso significava que eu tinha que abrir mão do controle do qual havia me habituado no passado. Eu tinha que estar disposta a ser aberta e a reconhecer que as formas arcaicas de trabalho não eram mais tão efetivas quanto eu gostaria que fossem... Se chegar até minha comunidade era uma de minhas responsabilidades, e a meta de minha organização, então usar a mídia social por conta própria tinha que ser uma prioridade".[8]

É mais fácil para adultos começarem a praticar qualquer coisa nova em sua privacidade, em um lugar seguro, para cometer erros à sua própria maneira e em seu próprio tempo. Entretanto, praticar sozinho pode ser difícil. É duro saber por onde começar, e fácil ter dificuldades ao fazer o upload de fotos de suas férias ou ao estabelecer sua conta no Twitter ou Facebook. Adultos que tentarem dominar a mídia social precisarão de amigos que os ajudem.

Muitas pessoas podem facilitar os caminhos para a mídia social, e elas são fáceis de serem encontradas. Elas são os estagiários, os membros mais jovens da equipe, os adolescentes dos lares. Todos podem se tornar mentores reversos de mídia social. E, em um contexto de negócios, os jovens podem aumentar as próprias habilidades de liderança ao organizarem mensalmente almoços de trabalho em que possam demonstrar as ferramentas de mídia social para toda a equipe.

Assim como é para aprender qualquer coisa, somente uma tentativa não adiantará nada. Os líderes precisarão fazer disso algo regular em seus calendários e praticar por algumas semanas ou meses para que se sintam confortáveis em usar, com certa fluência, a mídia social.

Com o tempo, os líderes descobrirão quais ferramentas eles preferem usar e com quais se sentem mais confortáveis por meio da prática e da experimentação.

Criando uma cultura social **65**

O Twitter pode parecer mais produtivo que o Facebook. Assistir a vídeos no YouTube pode dar um sentimento mais enérgico do que fazer o upload de fotos para o Flickr. Não existe certo e errado para a mídia social; quaisquer que sejam os canais que funcionem para uma pessoa, tudo bem.

Um usuário novo logo aprende as regras e as normas de comportamento que movem as engrenagens do mundo on-line. Compartilhar informação e conteúdo é algo esperado e aplaudido. Agradecer aos outros e dar crédito são uma obrigação. Pronunciamentos de autopromoção e lançamento são discordantes. Deanna Zandt, autora de *Share this! How you will change the world with social networking,*[*] descreve a melhor prática para compartilhar informações em redes sociais como 30% sobre o indivíduo e sua organização e 70% sobre os trabalhos de outras pessoas.

Uma vez que as pessoas começam a usar a mídia social em sua privacidade, o seu uso invariavelmente se estende para a vida profissional. Ler blogs sobre *hobbies* e paixões pessoais leva à leitura de blogs sobre temas e causas. Conectar-se com amigos pessoais no Facebook irá levar à amizade profissional. Isso é simplesmente o resultado da influência gravitacional da mídia social, onde as linhas entre pessoas e instituições não são claras. Uma vez que isso ocorra, as possíveis maneiras pelas quais a mídia social pode começar a ser usada dentro das instituições ficarão claras para os líderes organizacionais. Então, eles estarão prontos para voltar a atenção para como querem usar a mídia social para seus próprios esforços, estratégica e intencionalmente.

A CONVERSAÇÃO INTERNA

Holly Hight, uma organizadora de campo para um grupo de advocacia da Califórnia, usava confortavelmente o Twitter e o Facebook em sua vida pessoal e começou a utilizá-los também como parte de seu trabalho na organização. Tão logo começou a fazê-lo, foi admoestada pela equipe sênior por "ir contra a política da empresa" nesses canais de mídia social. Quando Holly reagiu, a organização começou uma série de conversações internas sobre o uso de mídia social. Holly escreveu: "Nós estamos dando os primeiros passos nesta direção, primeiramente ao desafiar

---

[*] Compartilhe! Como você irá mudar o mundo com a rede social. (N. T.)

a nossa cultura interna de controle da mensagem e por criar espaços para que existam conversações entre os departamentos".[9]

A situação de Holly aponta para questões específicas que todas as organizações têm quando consideram a estratégia social. Lutar com essas questões é essencial para se envolver eficientemente com a mídia social. As organizações precisarão revisitar os mesmos tópicos ao longo do tempo para garantir que estejam abraçando plenamente a mídia social.

As questões são as seguintes:

Quais são as fronteiras apropriadas entre a informação pública e a privada?

Muitas pessoas jovens têm poucas fronteiras separando a vida pública da privada, exacerbadas pelo megafone da mídia social. Essas fronteiras de difícil visualização podem ser desconfortáveis para pessoas mais velhas, que cresceram com normas de comportamento profissional que desaprovam revelar a vida pessoal publicamente. Entretanto, a mídia social é impulsionada por conversações entre pessoas reais. Ellen Miller encarou esse dilema. Ela se lembra: "Eu pensei duas vezes sobre derrubar a barreira que separa a vida pessoal da profissional, mas então caí de cabeça e nada terrível me aconteceu. Acabei me acostumando com isso. Os resultados de revelar um pouco mais sobre quem você é e no que está interessada fazem que você seja mais atrativa para as outras pessoas".[10] As organizações automaticamente se tornam mais públicas por causa da mídia social. Holly Hoss, diretora executiva da Nonprofit Technology Network, explicou: "Isso ocorre porque a mídia social não apenas permite que existam as conversações, mas permite conversações públicas".[11] Não existem regras claras para determinar as linhas entre informação pública e privada. Cada organização e cada equipe precisam desenvolver um equilíbrio entre a informação pública e privada individualmente. É imperativo que os membros da equipe façam uso do bom-senso quando estiverem on-line, compartilhando e revelando informações sobre si próprios e suas organizações, e também é importante que eles se lembrem de que estão criando uma trilha digital permanente por onde passam. Os líderes organizacionais precisam desafiar os próprios medos e suposições sobre o que é apropriado compartilhar on-line, ao mesmo tempo que devem se lembrar que a autenticidade é imperativa para a construção de relacionamentos on-line.

Como equilibramos nosso interesse em nos abrirmos às necessidades tecnológicas e ao mesmo tempo nos salvaguardarmos contra ataques cibernéticos?

Nós não invejamos os profissionais da tecnologia da informação cujos empregos consistem em manter as organizações livres de hackers e spammers em um mundo social que requer abertura. Matt Sharp, diretor de tecnologia da informação da Fundação David e Lucile Packard, descreve a tensão desta maneira: "Nós temos que conduzir as pessoas através de um rio de escorpiões sem sermos picados".[12]

As conversações entre a equipe de tecnologia da informação e outros departamentos sobre esse assunto deveriam acontecer o quanto antes e com frequência. É importante que posturas adversárias não sejam tomadas. Todos os participantes merecem oportunidades para compartilhar abertamente o que precisam saber para serem bem-sucedidos e quais são os riscos e as recompensas ao se comportar de determinadas maneiras. A boa notícia é que com a tecnologia quem não tem cão caça com gato. As organizações precisam continuar experimentando e buscando métodos, ferramentas e abordagens que equilibrem a segurança com a abertura.

Nós iremos viver no Velho Oeste se nos abrirmos on-line?

Utilizar a mídia social não significa que as organizações precisem operar sem quaisquer regras ou expectativas para o comportamento das pessoas. As organizações podem estabelecer as regras do envolvimento com suas redes, particularmente aquelas de seus próprios blogs. Após um ataque pessoal particularmente cruel à blogger Kathy Sierra em 2007, Tim O'Reilly postou um Código de Conduta do Blogger,[13] que oferece sete sugestões para promover a conversação civilizada on-line:

1. Assuma responsabilidade não somente pelas suas próprias palavras, mas também por comentários que você permite em seu blog.

2. Rotule o seu nível de tolerância para comentários abusivos.

3. Considere eliminar comentários anônimos.

4. Ignore os trolls.*

5. Leve a conversação para off-line e converse diretamente, ou encontre um intermediário que o faça.

6. Se você conhece alguém que esteja se comportando mal, fale com ele.

7. Não diga nada on-line que você não diria pessoalmente.

As organizações precisam desenvolver as próprias políticas de engajamento on-line e revê-las de tempos em tempos. Entretanto, quando o fizerem, cuidado para não evitar a crítica.

O quanto precisamos estar "ligados" na mídia social?

O mundo permanentemente ligado da mídia social na verdade não precisa estar sempre ligado para as pessoas e organizações. É importante se engajar com comunidades on-line em algum lugar, investir nelas e compartilhá-las; de outra forma, elas jamais ganharão tração. Dito isso, as organizações não precisam viver on-line 24 horas por dia para serem sociais. A sociabilidade é julgada do lado de fora a partir de uma disposição para ser aberta e autêntica, compartilhar e se conectar. O engajamento on-line regular é crucial, mas não é necessário que haja uma pessoa à meia-noite, todas as noites, responsável por responder ao que é dito no Twitter. Compartilhe e espalhe o trabalho, e estabeleça expectativas razoáveis e sustentáveis para manter-se "ligado".

Quem deve operar os canais?

Todos devem, todos podem, e quem quiser que o faça. O uso da mídia social não é restrito a um departamento ou a uma posição em particular. A chave, mais uma vez, é a autenticidade. Pessoas de verdade precisam falar por si próprias.

Logotipos não twitam, blogam ou têm conversações de verdade. Se o CEO não estiver de fato enviando mensagens para as pessoas pelo Twitter, então não

---

* Trolls: pessoas que buscam desestabilizar qualquer discussão on-line, sem contribuir positivamente para ela. (N. T.)

Criando uma cultura social **69**

deve haver uma conta com o nome dele que passe essa impressão. Se o diretor de comunicações ou o estagiário estiverem twitando, então eles devem ser identificados dessa maneira em seus perfis, e não fingirem ser outra pessoa.

Julia Rocchi é a gerente de comunicações on-line da Fundação United Nations. Ela twita e bloga pela organização com o apoio da equipe sênior. A descrição que faz de si no Twitter é a seguinte: "Cabelo grande, boca grande, planos grandes. Escritora, blogger e Funcionária de Comunicações On-line da Fundação United Nations. Irá abraçar/cozinhar/viajar à vontade". Júlia está demonstrando claramente que ela é uma pessoa real que tem gostos, paixões e "defeitos", dependendo do que o outro pensar a respeito de cabelo e boca grandes.

Anteriormente, alguém na posição de Júlia poderia ter descrito a si própria como "profissional encarregada das comunicações da Fundação United Nations com engajamento em vários setores e interação junto à comunidade da mídia". Com essa descrição, não poderíamos conhecer nada da Júlia. Ela nos atrai ao revelar quem é, tornando-se uma pessoa interessante e engraçada. Agora, podemos começar a nos conectar com Júlia e construir um relacionamento com ela baseado em nossos interesses em comum como pessoas verdadeiras, e não como zangões organizacionais.

Como a Cruz Vermelha Americana descobriu, as respostas para estas questões se tornam as bases para a formação de uma política de organização para a mídia social.

CODIFICANDO A CULTURA SOCIAL

Uma vez que a cultura social estabeleça suas raízes dentro de uma organização, é importante encorajá-la por meio da codificação. Desenvolver políticas de mídia social encoraja a equipe sênior a abraçá-la completamente e a assumir plena responsabilidade pelo seu uso. Isso também fornece direcionamento para que membros individuais da equipe saibam o que podem ou não podem fazer. Essas políticas irão mudar e evoluir conforme as ferramentas de mídia social se desenvolverem ao longo do tempo.

"Estabelecer diretrizes faz que todos pensem que têm mais controle e isso ajuda as pessoas a se sentirem melhor", diz Wendy Harman da Cruz Vermelha

Americana. "Na verdade, nossas diretrizes são bastante vagas. Elas descrevem uma porção de coisas, mas o que dizem é apenas 'Usem o bom-senso e, por favor, não digam coisas estúpidas. De fato, adoraríamos se você contasse sua própria história institucional de uma forma construtiva."[14]

O Mashable é um Website que fornece um manual de mídia social para as organizações. Seus profissionais postaram um esboço do que deveria ser incluído nas diretrizes de mídia social.[15]

Uma instrução sobre o propósito das políticas para encorajar o uso da mídia social.

Um lembrete de que todos são responsáveis por aquilo que escrevem.

Encorajamento para sair de trás do logotipo e ser autêntico.

Um lembrete de quem é o público e do que ele significa para a organização.

Uma exortação para usar o bom-senso.

A necessidade de equilibrar os papéis pessoais e profissionais para construir a comunidade.

Respeito por direitos autorais e *fair use*.

A necessidade de proteger a privacidade, a particularidade e o sigilo das informação dos clientes.

A necessidade de usar a mídia social de uma maneira de agregar valor à organização.

Criar um equilíbrio entre atividades on-line e em terra.

Duas de nossas políticas favoritas combinam o bom-senso com a verdadeira linguagem humana da mídia social.[16] A primeira vem de um vice-presidente de comunicações:

a. Não escreva coisas estúpidas das quais se arrependerá um dia, porque um dia você vai se arrepender.

b. Se fotografar o "cofrinho" de algúem, não exponha a foto, ou, se o fizer, ao menos não mostre o rosto da pessoa.

Criando uma cultura social

c. Evite "ficar amigo" de seu chefe ou de quaisquer filhos, sobrinhas ou sobrinhos adolescentes que ele tiver.

d. Esforce-se ao máximo para ignorar posts de pessoas que estiverem falando com você, especialmente quando elas deveriam estar trabalhando e, na verdade, tudo o que estão fazendo é twitar coisas irritantes e estúpidas o dia inteiro.

e. Não flerte demais com outras pessoas, a menos que se trate de seu cônjuge.

Exceto pelo item *e*, a maioria dessas coisas não constitui tema de políticas, mas de gerenciamento. Se você tem um funcionário que fica o dia inteiro no Twitter em vez de estar trabalhando, isso não é uma questão de mídia social, mas de gerenciamento.

A segunda política vem do *Blog Disgruntled Employees* na forma de uma mensagem no Twitter:

Seja profissional, gentil, discreto e autêntico. Represente-nos bem. Lembre-se de que você não poderá mais controlar isso depois que tiver clicado em "atualizar".

CONCLUSÃO

Mudar a cultura de uma organização não tem a ver apenas com ter novas ideias ou trabalhar com novas ferramentas; significa na verdade pensar sobre o trabalho e a organização de maneira fundamentalmente diferente. As organizações precisam exercer a prática de tornarem-se sociais e engajarem-se com o mundo exterior.

À medida que a cultura começar a mudar, os assuntos que foram tópicos durante muito tempo em reuniões – como proteger a organização, como fazer o seu ponto de vista prevalecer, como evitar as críticas on-line – perdem a potência. As organizações começam a gastar mais tempo conversando com as pessoas de dentro e de fora sobre trabalho, sobre a rede, e sobre as possibilidades do que poderiam fazer caso trabalhassem juntas. Dessa forma, o trabalho se dissemina, as organizações individuais se sentem menos sobrecarregadas e permitem que novas ideias e energia entrem.

QUESTÕES PARA REFLEXÃO

Questões pessoais para os líderes organizacionais sobre o seu conforto em relação à mídia social:

- Você está aberto para tentar novas abordagens de comunicação e ferramentas?
- Você valoriza os conhecimentos e as habilidades de pessoas mais jovens da equipe que possam ser excelentes usuárias de mídia social?
- Você tem alguém dentro da organização ou um colega que esteja confortável com o uso de mídia social e possa lhe dar um treinamento um-a-um?
- Você tem amigos no Facebook, no Twitter ou em outras redes sociais que siga e observe?

Questões para serem feitas sobre sua organização e a cultura que ela tem:

- A sua organização abraça os erros, assume riscos calculados e recompensa o aprendizado e a reflexão?
- A sua organização pode tolerar uma abordagem do tipo "tente e arrume enquanto seguimos em frente", que enfatize a resposta rápida às suas falhas?
- As melhorias na forma como o trabalho é feito se encaixam em "Nós sempre fizemos assim" ou a mudança ocorre por meio de discussões importantes?
- A sua organização equaciona informalidade e individualidade com falta de cuidado e profissionalismo?
- A equipe está confiante em dar respostas rápidas às situações em vez de ter que atravessar processos intermináveis de papelada e aprovação?
- Você tem um departamento flexível de Tecnologia da Informação, que permite que funcionários instalem ferramentas de mídia social para serem utilizadas durante o trabalho?
- A sua organização tem uma cultura de "resposta rápida"?

- Você avalia processos em andamento e os atualiza conforme a necessidade?

- Existe um processo on-line para verificar o *feedback* de um doador, membro ou acionista, ou o departamento de programação não interage com o de comunicação? Por quê?

- A sua organização tem processos que envolvem muitos departamentos? Leva semanas para aprovar um *press release* ou uma Web Page? Como esses processos podem ser refinados para permitirem conversações ao vivo sobre assuntos reais?

- O departamento jurídico evita que comunicações ocorram? Qual é o barômetro? A proteção é válida nesse novo ambiente?

Questões para ajudar na criação de uma política de mídia social:

- Como iremos lidar com comentários negativos?

- Qual é nossa política sobre o uso pessoal das redes sociais por funcionários?

- Qual é nossa política sobre funcionários que utilizam redes sociais e mídia social para atividades relacionadas ao serviço?

- Quais são os tópicos aceitáveis para a equipe falar on-line e quais são os limites?

- Qual é a nossa política de privacidade?

- Quando um membro da equipe deve pedir ajuda para decidir sobre o que fazer on-line?

NOTAS

1. Beth Kanter, "The Red Cross Created a Social Culture with Listening: Now a Policy and Operational Handbook to Scale", Beth's Blog, 6/jul/2009, http://beth.typepad.com/beth_blog/2009/07/red-cross-social-media-strategypolicy-handbook-an-excellent-model.html (acessado em 2/ago/2009).

2. Instituto Monitor, "Working Wikily: How Networks Are Changing Social Life", postado em 29/mai/2008, http://workingwikily.net/?page_id=149 (acessado em 23/mar/2009).

3. Geoff Livingston, "Moving From Silos to Hives, The Buzz Bin", 6/abr/2009, http://www.livingstonbuzz.com/2009/04/06/moving-from-silos-to-hives (acessado em 12/jun/2009).

4. Beth Kanter, "Silos Culture Inside the Walls of Nonprofits Prevent Effective Social Media Use" Beth's Blog, 10/abr/2009, http://beth.typepad.com/beth_blog/2009/04/silos-culture-inside-the-walls-of-nonprofits-prevent-effective-social-media-use.html (acessado em 13/mai/2009).

5. Allison Fine, "Web 2.0 Assessment of the Overbrook Foundation's Human Rights Grantees", Fundação Overbrook, setembro de 2007, http://www.overbrook.org/resources/resources.html (acessado em 2/ago/2009).

6. Wendy Harman, correspondência privada de e-mail com Beth Kanter, 12/jun/2009.

7. Bill Traynor, "Vertigo and the Intentional Inhabitant: Leadership in a Connected World", *The Nonprofit Quarterly*, http://www.nonprofitquarterly.org/index.php?option=com_content&view=artic le&id+1384:vertigo-and-the-intentional-inhabitant-leadership-in-a-connected-world&catid=156:nonprofits-and-immigration (acessado em 29/ago/2009).

8. E. Miller, entrevista com Allison Fine, em 23/ago/2009.

9. Beth Kanter, "Guest Post by Holly Hight: When Controlling the Message Stifles Community (and Staff Morale)" Beth's Blog, 31/ago/2009, http://beth.typepad.com/beth_blog/2009/08/guest-post-by-holly-hight-when-controlling-the-message-stifles-community-and-staff-morale.html (acessado em 08/set/2009).

10. E. Miller, entrevista com Allison Fine, em 23/ago/2009.

11. Holly Ross, "Sharing Is Caring, But It's Also Hard: Why Your Audience Won't Comment on Your Blog", NTEN Blog, 28/mai/2008, http://www.nten.org/blog/2008/05/28/sharing-is-caring-but-its-also-hard-why-your-audience-wont-comment-on-your-blog (acessado em 23/jan/2010).

12. Matt Sharpe, correspondência privada de e-mail com Beth Kanter, 21/jun/2009.

13. Blog Wiki, "Blog Wiki: Bloggers Code of Conduct", http://blogging.wikia.com/wiki/Blog_Wiki:Blogger%27s_Code_of_Conduct (acessado em 22/set/2009).

14. Beth Kanter, "The Red Cross Created a Social Culture with Listening: Now a Policy and Operational Handbook to Scale", Beth's Blog, 6/jul/2009, http://beth.typepad.com/beth_blog/2009/07/red-cross-social-media-strategypolicy-handbook-an-excellent-model.html (acessado em 2/ago/2009).

15. Sharlyn Lauby, "10 Must-Haves for Your Social Media Policy", Mashable: The Social Media Guide, 02/jun/2009, http://mashable.com/2009/06/02/social-media-policy-musts/ (acessado em 12/jul/2009).

16. Beth Kanter, "Social Media Guidelines: Don't Moon People With Cameras (or at Least Hide Your Face When You Do)", Beth's Blog, 19/jul/2009, http://beth.typepad.com/beth_blog/2009/06/more-on-social-media-policies-and-nonprofits-whats-your-best-advice-for-policy.html (acessado em 29/jul/2009).

Escutando, Envolvendo-se e Construindo Relacionamentos

capítulo
CINCO

Em 2006, Cecile Richards se tornou presidente da Federação Americana para a Paternidade Planejada (FAPP). Noventa e três afiliados da Paternidade Planejada gerenciam 850 centros de saúde em toda a nação. Eles fornecem planos para a família e serviços assistenciais de saúde reprodutora, educação e informação para milhões de pessoas todos os anos. O fardo dela era grande e audaz: redesenhar esse sistema esparramado em uma rede coesa de organizações.

A visão que Cecile teve de refazer a organização significava abrir sua cultura fechada, o produto de confidencialidade que seus serviços requeriam e o constante coro de protestos sobre o trabalho que desenvolvia. Como Cecile se lembra: "Confidencialidade é uma grande parte da cultura da Paternidade Planejada. E, como você sabe, ser bem-sucedido com a mídia social é o oposto disso. Três anos atrás, nem todo mundo estava convencido de que precisávamos mudar o nosso investimento para a presença on-line. Entretanto, dado que queremos atingir pessoas mais jovens, como poderíamos ignorar o local onde a maior parte delas obtém informação?" O primeiro desafio de Cecile foi aliviar o medo dos diretores de que o vácuo sinistro da Web pudesse devassar o trabalho deles. A organização também tinha que provar para mulheres on-line que os esforços para escutar e conversar com elas eram sinceros.

O Website da Paternidade Planejada foi o primeiro lugar para construir relacionamentos. O site compartilhava informações sobre a organização, explicava os assuntos os quais defendia e, talvez o mais importante, fornecia maneiras fáceis para que as pessoas encontrassem centros de saúde locais – informação que, antes, as pessoas vinham tendo dificuldade de acessar. Foi um primeiro passo para abrir a organização on-line, mas ainda não era uma conversação.

O passo seguinte foi ir a lugares on-line nos quais o público da Paternidade Planejada naturalmente estivesse, em particular no Facebook e no MySpace, e se conectar com ele. Mas, no início, a coisa não foi tão suave. Tom Subak, o vice-presidente para serviços on-line da organização, lembra: "Tivemos de parar com a superlotação de chamadas telefônicas e ir para a ação direta junto às pessoas". A organização teve de aprender a trabalhar de maneira diferente em sites de redes sociais. Tom diz: "Nós trabalhávamos de forma diferente em sites de redes sociais, criando plataformas para que o pessoal tivesse um diálogo da maneira como quisesse. Nós dávamos apoio e orientação".[1]

Hoje, o Facebook e o MySpace hospedam comunidades significativas da Paternidade Planejada, nas quais indivíduos compartilham suas histórias pessoais em suas próprias palavras, imagens e vídeos. A organização facilita algumas dessas conversações, mas também permite às pessoas irem para onde quiserem. Por exemplo, a organização oferece cumprimentos pessoais no aniversário de seus amigos no Facebook, como forma de mostrar-lhes que se importa com eles como pessoas, e não apenas como máquinas de cartão de crédito em potencial.

Em parceria com a Fundação Família Kaiser e a MTV, a Paternidade Planejada programou uma agressiva campanha de informação pública em abril de 2009 para reconhecer o Mês da Consciência Nacional de DST (Doenças Sexualmente Transmissíveis). A campanha focava na necessidade de jovens adultos sexualmente ativos fazerem exames de DST em centros de saúde da Paternidade Planejada. A MTV levou ao ar anúncios do serviço público, e a FAPP encorajou organizações e bloggers a postarem um dispositivo em seus sites que acessava um formulário on-line – gerenciado pela FAPP – para responderem a questões.

78 Mídias sociais transformadoras

Como resultado, os testes para a detecção de DST aumentaram em mais de 50% durante o mês de abril de 2009 em comparação ao mesmo período em 2008. E em muitos lugares, como na Carolina do Norte, na Georgia e em St. Louis, Missouri, o número de homens que foram até as dependências da Paternidade Planejada para fazer os testes aumentou em 100%. A FAPP viu que todos esses examinados eram possíveis novos relacionamentos para a organização on-line.

Apoiada por esses sucessos, a Paternidade Planejada está fazendo uma jornada notável dentro do mundo das redes sociais. A organização confiou que a maioria das pessoas tem boas intenções on-line e quer se envolver em conversações sobre seus trabalhos. As pessoas provaram que estava certa. A FAPP está agora se conectando com mulheres mais jovens, as quais ela provavelmente não poderia ter atingido com seu trabalho fora da Web. E, à medida que a organização desenvolve esses relacionamentos ao longo do tempo, ela está no processo de mover pacientemente as pessoas da conversa para o clique, de dar para advogar em seu nome.

Apesar de a FAPP estar sendo bem-sucedida em construir relacionamentos utilizando a mídia social, a pressão para monitorar e medir resultados tem levado muitas outras organizações do Terceiro Setor a darem uma ênfase exacerbada às transações, em detrimento da construção de relacionamentos. Para combater essa consequência indesejada, as organizações precisam encontrar um equilíbrio entre levantar dinheiro e fazer conexões.

Construir uma rede de apoiadores que possam fazer uma variedade de coisas para a organização leva tempo e requer paciência. Charlene Li, fundadora do Grupo Altimeter, resume a mudança do pensamento transacional para a construção de relacionamentos, como ir das conexões ocasionais, impessoais e a curto prazo, para aquelas apaixonadas, constantes, íntimas e leais.[2]

A construção dos relacionamentos on-line começa com escutar e depois vai para o envolvimento e, finalmente, a ação. Neste capítulo, discutiremos essa progressão e também apresentar uma estrutura visual – uma escada de envolvimento – que possa ajudar as organizações a se tornarem intencionais em seus esforços de construírem relacionamentos.

Escutando, envolvendo-se e construindo relacionamentos

ESCUTAR

O ingrediente-chave para a construção de qualquer relacionamento é escutar bem. Em vez de apenas falar com as organizações, ou, pior, falar para as pessoas on-line, as organizações primeiro precisam escutar o que as pessoas estão dizendo, o que interessa a elas ou o que as preocupa e como elas veem a organização. Escutar é uma forma fantástica para as organizações se orientarem on-line, além de ajudar aquelas que são "nervosas" ou preocupadas no que se refere a se abrir on-line, ao facilitar o seu caminho.

Entretanto, escutar não se trata simplesmente de examinar um rio de dados não estruturados. O processo envolve verificar por meio de conversações on-line os múltiplos canais existentes, como redes sociais e blogs. O valor de escutar vem de extrair um significado dos dados e usá-lo para identificar os influenciadores, os pontos-chave para espalhar amplamente a mensagem, e os esforços de uma organização. Danielle Brigida, uma estrategista de mídia social da Federação Nacional de Vida Selvagem, diz: "Prestar atenção ao que as pessoas estão dizendo é benéfico, porque torna mais fácil para nossa organização ser relevante. Escutar ajuda você a ser menos um emissor de spams e mais um provedor de serviços".[3]

A mídia social torna o ato de escutar grandes números de pessoas mais fácil e barato, diferentemente das pesquisas e dos grupos de focos. Ferramentas para escutar incluem **Google Alerts**, blogs mencionados no Technorati,[*] **leitores de RSS**, **busca no Twitter**, **tags** do Delicious e Boardreader[**]. As organizações podem racionalizar a escuta ao identificar os corações da rede. Esses "repórteres" confiáveis já filtraram e verificaram a informação dentro da rede, o que os torna fontes confiáveis de informação.

Apesar disso, escutar requer tempo, mas não pense nesse tempo como sendo tirado de outras atividades. Ao contrário, é tempo investido em relacionamentos, que são criticamente importantes para o futuro bem-estar da organização.

Por fim, escutar não é função limitada a um departamento em particular dentro da organização. Pro Bono Net é uma organização nacional sem fins lucrativos com uma equipe de 19 pessoas dedicadas a fornecer recursos on-line

---

[*] Technorati: motor de busca de Internet especializado na busca por blogs. (N. T.)
[**] Boardreader: Website que mostra posts em fóruns por meio de palavras-chave. (N. T.)

para ajuda legal e procuradores gratuitos, professores e estudantes de direito e advogados relacionados a serviços sociais. Todos na organização se envolvem em escutar o que é dito on-line. A coordenadora do projeto Kate Bladow descreveu os esforços da equipe da seguinte maneira: "Acima de tudo, nossa meta para escutar é nos mantermos cientes do que está acontecendo em nosso nicho, com o olho vivo nas oportunidades, e aprender mais sobre o que está ocorrendo com nossos parceiros".[4]

ENGAJANDO O PÚBLICO

A transição de escutar para interagir com as pessoas on-line é a arte do engajamento. Podemos entendê-lo simplesmente como "ser humano através do seu computador", e as organizações têm uma enormidade de métodos e técnicas disponíveis para fazer que isso aconteça. Elas podem compartilhar informação, iniciar ou entrar em conversas, agradecer as pessoas por seus esforços, educar e aumentar a consciência sobre um assunto e, é claro, algumas vezes pedir às pessoas que façam algo como ir a uma reunião ou fazer uma doação.[5]

Kate Bladow descreve como a Pro Bono Net se modifica de escutar para engajar on-line: "Como nós agimos sobre a informação depende do nosso estilo pessoal. A maioria de nós atua como agregadores, postando artigos em alimentadores de notícias que nossa comunidade segue. Se for apropriado, nós podemos comentar em posts de blogs ou passar links para que a pessoa certa comente... Outra colega é realmente boa em utilizar histórias como uma oportunidade para chegar até os parceiros e congratulá-los ou para reconectar um tópico o qual ela já tenha discutido previamente".

Um artigo postado on-line pelo jornal *The Patriot Ledger,* em Quincy, Massachusetts, em 26 de fevereiro de 2009, ilustra outro poderoso elemento de engajamento: dar clareza aos erros de percepção sobre uma organização.[6]

O artigo anunciava que a United Way de Massachusetts estava fazendo duas doações para programas comunitários – uma de 100 mil dólares para o South Shore Day Care Services, e outra de 30 mil dólares para os Programas de Ação da Comunidade Quincy. Ambas as doações tinham a intenção de ajudar famílias que precisavam de aquecimento, comida e outras necessidades básicas, com um custo baixo ou de graça. O artigo era direto e sem paixão; os comentários, contudo, não eram.

O primeiro a comentar questionou por que a United Way estava fazendo uma doação para o Day Care Center:

> Não entendo como esta companhia com fins lucrativos administra fundos para comida e etc. É por isso que eu nunca irei doar para a United Way; a forma com a qual eles lidam com dinheiro me assusta. É tentação demais para os diretores e etc. de companhias que de repente recebem esse fruto inesperado cheio de dinheiro de uma boa fada. E quem estabelece guias gerais para o dinheiro? Eu sempre me pergunto se as pessoas que doam o seu dinheiro suado sabem como ele está circulando. Parece-me algo bastante estranho.

O Day Care Center estava escutando e respondeu com um comentário. Eles esclareceram a missão e os programas não lucrativos da organização e descreveram em mais detalhes como os fundos eram administrados. O Day Care Center pontuou fatos adicionais sobre sua organização no Website. Terminaram com uma promessa de responder a quaisquer questões adicionais.

Agora, envolvido, o comentador teve algumas questões que se seguiram:

> Sim, esta é uma mudança de como a South Shore Day Care operava no passado; eu usei os seus serviços alguns anos atrás, quando a empresa era uma simples creche. Eu tive que pagar uma taxa para a creche que, naquela época, era de centenas de dólares por semana, apesar dos fatos de eu ser pai solteiro e estar começando a minha carreira com uma renda limitada.
>
> Ainda me sinto curioso sobre como uma creche assim é sem fins lucrativos. Eu visitarei o Website, graças a você. Estou feliz que você está oferecendo esses serviços e irei recomendá-lo para minhas filhas.

Um representante da United Way forneceu, então, uma explicação adicional:

> Obrigado por ajudar a esclarecer. Eu trabalho na United Way. Outro ponto importante que talvez ajude é que 100% dos fundos que nós

levantamos para o Fundo de Suporte para a Comunidade retorna para ela própria em forma de necessidades básicas, como aluguel, comida, utilidades etc. Se você tiver qualquer outra dúvida sobre o Fundo de Suporte, nossa contabilidade ou as linhas gerais que estabelecemos para a qualidade das agências que apoiamos, sinta-se livre para nos telefonar diretamente. Você pode achar o nosso número para contato no endereço *http://supportunitedway.org*. Este é um dinheiro que ajudará aos indivíduos e às famílias locais que foram significantemente impactados pela recessão. Se você conhecer qualquer um que precise de ajuda, por favor, aconselhe-o a ligar para 2-1-1, nossa linha de auxílio.

Nós não sabemos se o comentador foi, por fim, convencido pela informação fornecida. O que sabemos é que outros leitores do artigo e dos comentários receberam mais informação do que teriam tido apenas a partir do artigo de notícias. Talvez alguém tenha se sentido diferente em relação à United Way e às doações como resultado dessa conversação.

Às vezes, líderes organizacionais preferem sentar-se e observar as conversações sobre seus organizações serem descobertas on-line. Eles se veem como espectadores sentados do outro lado do espelho. Entretanto, líderes devem se lembrar de que sua participação pessoal é crucial para construir relacionamentos. Conversações são interações pessoais e oportunidades para engajar pessoas, corrigir mal-entendidos, educar e ajudar a espalhar a palavra. Todo mundo – incluindo os que escutam – precisa se engajar. E, como demonstrado no exemplo da United Way, as organizações têm de estar dispostas a fazer on-line algo que sempre evitam fazer em terra: envolver-se com quem as critica.

CONVERSANDO COM OS CRÍTICOS

Ouvir críticas é sempre difícil, e críticos on-line podem ser particularmente barulhentos quando se escondem atrás do anonimato de suas telas. Contudo, existem diferenças entre um ataque destrutivo, um apelo demagógico e uma discordância honesta, com uma crítica construtiva. Recusar-se a engajar-se em conversações, particularmente as críticas, não quer dizer que estas não existam, mas apenas que a organização não está disposta a escutar nem a se envolver com o crítico.

Mesmo quando a sensação for desconfortável, as organizações têm que se enredar com críticos que tenham preocupações legítimas. A crítica é uma oportunidade para aprender e para construir relacionamentos com os próprios críticos. E a mídia social é um veículo incrível para escutar a crítica que poderia ser demasiadamente difícil para ser compartilhada em pessoa ou que com frequência é ignorada por educação.

A especialista em marketing Valeria Maltoni escreve: "As pessoas me perguntam o que acontece se alguém diz que você não presta. Eu respondo que eu me inclino e peço que as pessoas me digam de quantas maneiras eu não presto. Somente quando há engajamento, existe partilha e comunicação. Quando você se recusa a dar esse passo, você passa a ser a barreira".[7]

CONSTRUINDO RELACIONAMENTOS SÓLIDOS

O propósito de escutar e se engajar é construir relacionamentos entre uma organização e seus apoiadores, apoiadores em potencial e outras organizações no ecossistema. Conforme Danielle Brigida da Federação da Vida Selvagem Nacional diz sobre a construção de relacionamentos com uma organização, "eu procuro manter os meus relacionamentos profissionais de forma bastante similar a como mantenho os meus amigos pessoais. Para mim, há muito pouca diferença (todos são meus amigos). Eu encontro tempo para incorporá-los e procuro saber com o que se importam e quais são os seus potenciais. Eu os contato quando tenho dúvidas e me asseguro de segui-los sempre que puder".[8]

Construir relacionamentos on-line requer constância e prática. Aqui vão algumas lições que descobrimos sobre a construção de relações on-line:

Perder controle é mais importante do que tentar ganhá-lo

Uma característica distintiva do mundo digital é que o poder tem sido empurrado para as beiradas, longe das organizações e em direção às pessoas. Essa mudança é boa para as organizações que precisam engajar muita gente no trabalho que desenvolvem; contudo, para capacitar as beiradas de forma bem-sucedida, as organizações precisam estar dispostas a abrir mão do controle.

"Perder o controle" é uma sentença assustadora; tem a conotação de voar pelo espaço sem paraquedas ou rede protetora. Nesse sentido, a mídia social é a "criptonita" para pessoas que têm necessidade de controlar seus esforços da forma mais rígida possível. Mas a realidade em nosso mundo conectado é que gastar energia tentando controlar o que outras pessoas fazem e dizem é contraprodutivo.

As organizações ainda precisam ser intencionais sobre seus esforços, elas ainda precisam de mensagens e planos, mas precisam também aceitar que as pessoas e organizações em seu ecossistema irão marchar ao som dos próprios tambores. E, ainda mais importante, esforços coordenados de forma imperfeita podem ser enormemente bem-sucedidos, até mesmo revigorantes, à medida que se desdobram de maneiras inesperadas.

Somente abrindo mão e jogando fora a opressão do controle, as organizações podem liberar o poder da criatividade de diversas pessoas para fazer coisas maravilhosas em seu nome. Elas precisam seguir o exemplo da Federação da Paternidade Planejada da América, da Sociedade Americana do Câncer e de muitas outras que confiaram em suas comunidades, abriram mão do controle e experimentaram grandes coisas.

A autenticidade é crucial

Como discutido anteriormente, a mídia social exige autenticidade. As ferramentas são os veículos perfeitos para revelar o seu lado verdadeiro e se conectar de formas reais e humanas ao longo das fronteiras organizacionais. De forma inversa, a falta de autenticidade pode ser devastadora para os esforços organizacionais on-line.

Ter motivos escondidos ou fingir ser algo ou alguém não é comportamento aceitável nesses tipos de relacionamentos. Essas práticas são chamadas de **astroturfing**, ou falsas tentativas de as organizações construírem relacionamentos. Um *astroturfer* pode pagar pessoas para dizerem coisas boas sobre alguém ou alguma companhia on-line sem revelar que são agentes pagos. Organizações com bolsos menores podem fazer o mesmo ao pedir que membros da equipe finjam ser constituintes e apoiadores.

Ou talvez o ego de uma pessoa seja tão grande, e seu medo de críticas tão enorme, que ela faça isso por si própria. O fundador e CEO da Whole Foods,

John Mackey, passou sete anos *astroturfing* por trás do pseudônimo Rahodeb. Usando esse pseudônimo, ele posou como um investidor no **quadro de mensagens** do Yahoo! Finance, atuou como participante do grupo para a Whole Foods e atazanou a competição.

Carma bancário

Organizações isoladas trabalham duro para extrair recursos, informação e crédito de suas órbitas. Isso não funciona em um mundo capacitado pela mídia social que leva notícias, atividades e conversações para longe das organizações e para dentro do ecossistema. Ao contrário, é melhor enviar coisas boas para o mundo sem esperar retorno imediato, construindo assim o capital social essencial para a mudança social a longo prazo. Esse processo é chamado "carma bancário", uma frase cunhada de Tom Watson, autor de *CauseWired*.[9] É claro, às organizações é permitido assumir crédito quando for apropriado. Não há nada inerentemente errado em ter interesse próprio. Os problemas começam quando o autointeresse é exercido à custa dos outros.

As organizações sem fins lucrativos na rede são poderosos carmas bancários. Elas fazem uso de uma variedade de mídia social para compartilhar informação com sua rede de trabalho, celebrar as realizações dos outros e agradecer às pessoas com frequência por seus esforços. O maior elogio que um bom carma bancário pode receber é "você sabe dividir muito bem".

O carma bancário tem um efeito bumerangue. Quando a organização precisar de algo no futuro, como comentários para uma crítica em um blog, passar para a frente informação sobre uma nova atividade para levantar fundos, ou uma apresentação para um novo doador, lá está o carma bancário, gorducho e transbordando, aguardando para ser usado. Os carmas são armazéns de confiança e reciprocidade que as organizações podem sacar no futuro.

As pessoas são boas e prestativas

Construir relacionamentos fortes com os que lhe dão apoio tem como base a premissa de que as pessoas são boas, confiáveis e sinceras em seu desejo de ajudar. Esse axioma transformou o eBay em uma plataforma de trocas global sem que a companhia tivesse que escrutinar todas as transações.

Algumas organizações fingem que não têm problemas. Outras acreditam que ao admiti-los parecerão fracas perante os que estão de fora. Nenhum caso é verdade. Todas as organizações têm problemas, preocupações, desafios e dificuldades. E todas podem usar ajuda externa para elocubrar acerca de temas, desenvolver soluções criativas e se conectar com outras redes e recursos.

Contudo, as organizações também precisam ter a humildade de não presumir que têm todas as respostas e ser capazes de pedir ajuda para suas redes. As organizações sem fins lucrativos conectadas que construíram relações sólidas com grande número de pessoas descobriram que podem se inspirar nesses relacionamentos em busca de energia e criatividade para ajudá-las a prosperar.

Não existe amizade padronizada

As ferramentas de mídia social não podem criar amizades. Só pessoas fazem isso por meio de suas comunicações e conexões. Dito isso, a mídia social pode capacitar e aumentar os diferentes graus de amizade. É claro, amizades de longa duração têm um nível diferente de intensidade e ressonância emocional do que um amigo feito no Facebook na semana passada. Mas isso não significa que esse novo amigo não seja uma valiosa nova adição para a vida ou para a causa de uma organização.

Nós nunca sabemos os caminhos para onde as amizades irão nos levar, então não deveríamos tentar prevê-los e engavetá-los. Do mesmo modo, as redes sociais têm os seus próprios ritmos, os quais organizações podem somente seguir e apoiar, não criar e ditar. Como observou Stephanie McAuliffe, da Fundação David e Lucille Packard: "A efetividade das redes tem a ver com a maré baixa e o fluxo das tendências. É importante construir sua rede antes de precisar dela. E muitas vezes as redes irão prosseguir em um nível mais baixo de atividade... Uma vez que a rede esteja apenas funcionando ou se engajando em atividades básicas, ela está construindo a confiança necessária para que possa ser ativada, mudando para o modo de ação no qual as coisas podem ser resolvidas quando surge uma janela de oportunidade".[10]

É impossível saber quais recursos, conhecimentos e conexões pessoais um indivíduo ou uma entidade podem trazer para sua organização sem conhecê-los melhor. Mas tamanha imprevisibilidade não significa que as organizações não

Escutando, envolvendo-se e construindo relacionamentos

devam mirar no sentido de aumentar estrategicamente o engajamento dos apoiadores. E elas podem chegar a isso mediante um modelo que nós chamamos de escada de envolvimento.

A ESCADA DE ENVOLVIMENTO

As organizações têm um rico *mix* de pessoas que lhes dão suporte, do toque mais leve ao superenergizado. Elas precisam criar pequenos passos para envolver esses apoiadores em sua causa e ajudá-los a se tornar agentes mais ativos, participantes do grupo e doadores, se assim escolherem. Usar uma estrutura que chamamos de escada de envolvimento pode ajudar as organizações a entender e avaliar melhor os seus esforços de mover as pessoas para níveis mais profundos de envolvimento (ver Figura 5.1).

Os níveis de envolvimento estão definidos a seguir:

- **Espectadores felizes**, incluindo leitores de blogs, amigos no Facebook e conhecidos pessoais como cotrabalhadores.

- **Propagadores,** pessoas que estão dispostas a compartilhar informação sobre uma causa com outras pessoas.

- **Doadores,** que contribuem financeiramente para uma causa.

- **Evangelizadores,** que têm ascendência sobre suas redes pessoais e pedem que outras pessoas doem tempo e dinheiro para a causa.

- **Instigadores,** que criam o seu próprio conteúdo, atividades e eventos em nome da causa. Instigadores podem até criar uma nova causa ou organização para que possam se expressar mais plenamente.

Como discutido anteriormente no Capítulo Três, "Entendendo redes sociais", um pequeno grupo de pessoas sempre irá fazer o montante de trabalho que demande os maiores esforços, e um grande grupo irá fazer pequenas parcelas. Isso significa que qualquer esforço terá muitos mais espectadores felizes do que evangelizadores. Essa escada fornece uma estrutura para visualizar os tipos de participação que a organização precisa para ser bem-sucedida. Mas o crescimento não ocorre por si só. As organizações precisam ser intencionais ao construir

88 Mídias sociais transformadoras

relacionamentos com as pessoas que lhes dão suporte e ajudá-las a estabelecer a escada de envolvimento.

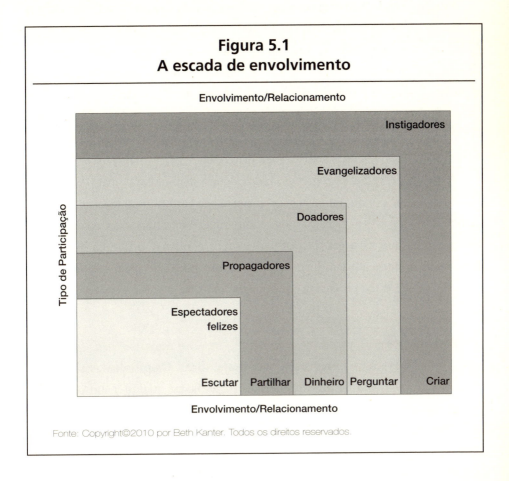

Todas as pessoas são capazes de aprofundar o envolvimento com uma causa que despertou o seu interesse em um momento em particular. Entretanto, é absolutamente importante que as organizações não julguem os participantes por seu envolvimento em um momento que lhes seja difícil estar plenamente engajados. Alguém pode se importar profundamente com determinada causa, mas não dispor de tempo para ajudar em um dado momento. Em outra ocasião, contudo, um e-mail de um amigo aparece em sua tela, as estrelas da paixão e do tempo se alinham e a pessoa se mobiliza tanto que organiza um evento para informar a todos os seus amigos sobre tal causa – e organiza também em separado um leilão.

Priscilla Brice-Weller, uma blogger e ativista da Austrália, refletiu sobre a construção de relacionamentos da seguinte forma: "Eu acho que a melhor maneira para encorajar os apoiadores a se tornarem ativistas é simplesmente perguntar-lhes de que forma gostariam de se envolver mais. As vezes, quando faço isso, eles se sentem honrados por eu ter perguntado. Em outras, eles se desculpam por não poderem ajudar naquele momento por conta de circunstâncias pessoais. Nunca ninguém abusou de mim até o momento, então manterei esta estratégia por ora e manterei vocês atualizadas sobre o meu progresso".[11]

A escada não é uma progressão linear de um degrau para outro. As pessoas podem começar em qualquer lugar e galgar o seu caminho na direção do topo. Podem dar um passo por vez ou pular como uma amarelinha ao longo da escada. Reafirmamos que as organizações não podem controlar o que os indivíduos fazem; elas somente podem fornecer amplas oportunidades para que as pessoas gostem de onde estão na escada e se engajem mais, se essa for a opção.

CONCLUSÃO

As organizações não têm recursos para desperdiçar. Os problemas são muito difíceis e as necessidades grandes demais para afastar qualquer um que esteja interessado em ajudar. Ainda que as organizações tivessem recursos ilimitados, trabalhar sozinhas as isolaria da criatividade e ingenuidade das diversas pessoas presentes no ecossistema que são afetadas ou estão interessadas no trabalho desenvolvido.

Acima de tudo, a fim de construir relacionamentos, as organizações precisam se abrir para a capacidade e ajuda que as redes oferecem, e permitir que elas alterem e melhorem seus planos. As organizações precisam tratar seus relacionamentos com as pessoas como tesouros e valorizar o empenho que elas trazem. Elas precisam ser pacientes, alegres e ricas na construção de relacionamentos com muitas pessoas de maneiras distintas. E precisam gostar honestamente, sinceramente e publicamente desses esforços.

QUESTÕES PARA REFLEXÃO

Escutar

- O que as pessoas estão falando sobre a sua organização, a sua marca, os seus programas ou os seus assuntos nos espaços de mídia social?
- Quais palavras-chave você deveria utilizar para procurar pessoas ou se conectar a elas em espaços sociais?
- Qual é o tom, o volume e o sentimento do *feedback*?
- O que é verdadeiro nesse *feedback*? Em que você pode melhorar?
- O que é uma percepção que precisa de correção?
- Você identificou os influenciadores em sua comunidade?

Engajar

- Baseado em sua habilidade de escutar, que tipos de conversação você precisa ter com seu público?
- Você está fazendo perguntas?
- Você está respondendo ao que lhe é perguntado de uma forma prestativa, gentil e educada?
- Você está compartilhando informações úteis (e não apenas apontando para seu próprio conteúdo)?
- Você está solicitando *feedback* nos estágios iniciais?

Construir Relacionamentos

- Quais são seus pontos de contato com o público? Você está se comunicando somente para pedir dinheiro e, ainda assim, de uma forma impessoal?
- Você recompensa ou reconhece os influenciadores nos espaços de mídia social que se importam com seus temas?
- Você está dizendo obrigado por pequenas coisas de uma forma gentil e realmente sincera?

Escutando, envolvendo-se e construindo relacionamentos

NOTAS

1. Tom Subak e Cecile Richards, entrevista com Allison Fine e Beth Kanter, 30/jul/2009.

2. Beth Kanter, "Organizational Social Relationship Models and Strategies", Beth's Blog, 12/jun/2009, http://beth.typepad.com/beth_blog/2009/06/listening-leads-to-engagement-relationship-models.html (acessado em 30/jun/2009).

3. Danielle Brigida, comunicação pessoal com Beth Kanter, em 05/jun/2009.

4. Beth Kanter, "Guest Post by Kate Bladow: My Name is Kate and I'm a Listener" Beth's Blog, 29/set/2009, http://beth.typepad.com/beth_blog/2009/09/guest-post-by-kate-bladow-my-name-is-kate-and-im-a-listener.html (acessado em 04/out/2009).

5. Beth Kanter, "Does Social Media Help You Be Human Through Your Cimputer?" Beth's Blog, 19/ago/2009, http://beth.typepad.com/beth_blog/2009/08/does-social-media-help-you-be-human-through-your-computer.html (acessado em 2/set/2009).

6. Joe Markman, "South Shore Organizations Get US$130 mil from United Way", Patriot Ledger.com, 26/fev/2009, http://www.patriotledger.com/news/x7529572/South-Shore-organizations-get-130-000-from-United-Way (acessado em 26/jun/2009).

7. Beth Kanter, "Guest Post by Valeria Maltoni: Creating Movements" Beth's Blog, 30/jul/2009, http://beth.typepad.com/beth_blog/2009/07/guest-post-by-valeria-maltoni-creating-movements.html (acessado em 3/ago/2009).

8. Danielle Brigida, comunicação pessoal com Beth Kanter, em 5/jun/2009.

9. Tom Watson, *CauseWired: plugging in. Getting Involved, Changing the World*, John Wiley & Sons, Hoboken, Nova Jersey, 2008.

10. Stephanie McAuliffe, "Network Effectiveness Tides and Tables", Starting Out, 25/ago/2009, http://stephaniemca.blogspot.com/2009/08/network-effectiveness-tides-and-tables.html (acessado em 30/ago/2009).

11. Priscilla Brice-Weller, entrevista com Beth Kanter, http://qik.com/video/81022, 18/mai/2009 (acessado em 21/jul/2009).

Construindo Confiança por meio de Transparência

capítulo
SEIS

As organizações desenvolveram ferramentas para monitorar o seu progresso. Uma dessas ferramentas é a *dashboard*, uma série de medidores pelos quais os empresários podem traçar comparações mês a mês como, por exemplo, o número de visitantes. *Dashboards* são concisos e com frequência fornecem modos visuais e convincentes de obter uma representação de uma performance organizacional em qualquer ponto no tempo. E elas são quase sempre mantidas privadas para uso interno da equipe e do quadro de diretores.

E se esses relatórios fossem compartilhados mais amplamente? E se o padrão fosse as organizações sem fins lucrativos compartilharem relatórios de *dashboards* ou resultados métricos com todas as pessoas? O Museu de Arte de Indianápolis deu esse mergulho em 2007, quando postou seu *dashboard* institucional em seu Website para que todos vissem.[1]

O ímpeto para abrir o desempenho institucional do museu para o público veio de Maxwell Anderson, chefe do gabinete executivo do museu. Antes de sua chegada em 2006, o Museu de Arte de Indianápolis era uma instituição tradicional, aberta ao público para que este visse as obras de arte, mas fechado para ele em termos de seu gerenciamento. Anderson teve uma forte sensação de que a instituição tinha que se tornar mais aberta ao público para que ele obtivesse um entendimento melhor de como ela operava, quais dificuldades tinha que encarar e quais passos estavam sendo tomados para que isso ocorrêsse.

95

De acordo com Rob Stein, o chefe de informação do museu: "Max sentiu que se nós estivéssemos fechados, nos esconderíamos atrás de racionalizações do motivo pelo qual certas coisas estavam falidas. Eu acho que todas as organizações têm essas áreas falidas. Tem sido revigorante trabalhar em uma cultura em que honestidade e transparência são encorajadas como um passo em direção a melhoria contínua".[2]

Naturalmente, a equipe e os diretores tinham preocupações sobre tornar público o *dashboard*. Mas a nova liderança estava firme e encorajadora em seu apoio à iniciativa. Stein diz: "O *dashboard* é uma maneira de comunicar aos doadores e à imprensa a verdade por trás da forma como nós estamos gerenciando o museu, mas também é uma ferramenta crucial para os membros da equipe rastrearem o seu próprio desempenho ao longo do tempo, sabendo que o mundo está potencialmente assistindo".

O *dashboard* (Figura 6.1) rastreia o progresso do museu em relação a uma série de indicadores-chave, como o número de visitantes, as taxas mensais de títulos, a eficiência das atividades, a localização geográfica dos visitantes e o rastreio das obras de arte que estão sob empréstimo ou em exposição. Visitantes on-line podem clicar em qualquer um dos pontos de dados e ler mais sobre a estratégia do museu relacionada àquela área.

Numa primeira olhada, a atrativa disposição dos pontos de dados pode parecer transacional em vez de sensitiva. Afinal de contas, o que realmente significa 13.833 pessoas terem visitado o Teatro Tobias na primeira metade de 2009? Mas o fato é que o museu transforma a si próprio em um tipo diferente de organização no momento em que uma pessoa clica em um ponto de dados. O clique mostra a qualquer um – um patrocinador, voluntário, artista ou visitante – as tendências ao longo do tempo. Ao revelarem a si próprias nesse nível de detalhes, as organizações convidam o público a trabalhar com elas para pensar e tentar entender o que está funcionando, o que não está e por quê.

Por exemplo, o museu está particularmente preocupado com o consumo de energia. A necessidade de equilibrar sua meta de conservação de energia com a temperatura ideal e os requerimentos de umidade para preservar as obras de arte é difícil. É preciso um monitoramento constante para assegurar se o equilíbrio está sendo mantido. O *dashboard* rastreia esses pontos de dados como o consumo de energia diário do museu. Rastreando esses dados ao longo do tempo nós descobrimos que a equipe reduziu a média mensal de eletricidade e o uso de gás natural em mais de 30% desde o começo de 2006.

Mas o que ocorre quando os números, particularmente sobre o levantamento de fundos ou tamanho das doações, não seguem na direção certa? Stein nota: "Certamente, tivemos nossa cota de informações ruins para dividir nos últimos 12 meses. O valor total de nossas doações levou um golpe significativo como as estatísticas on-line demonstram. Junte esse fato com o número de apoiadores ativos que está mostrado aqui e fica claro que esse não está sendo o melhor período financeiro para o Museu de Arte de Indianápolis.

Figura 6.1
Dashboard **do Museu de Arte de Indianápolis**

Fonte: Reimpresso com permissão do Museu de Arte de Indianápolis.

Construindo confiança por meio de transparência

Nós também passamos por uma reestruturação, que resultou na eliminação de um número de membros da equipe, o que também está indicado on-line. Houve alguns momentos de dar frio no estômago ao levantar esses números, mas eles são realmente a prova definitiva e demonstram que o *dashboard* não é apenas um exercício maluco do departamento de Relações Públicas do museu. O ponto positivo é que é exatamente o partilhar dessas estatísticas negativas que nos dá uma ótima plataforma para falar com os doadores e agências que levantam fundos sobre a verdadeira situação financeira do museu. É ótimo para deixar os fatos falarem por você".[3]

O museu usa o seu blog para discutir as descobertas do *dashboard* e seu *status*, atividades vindouras e o que eles estão aprendendo conforme o tempo passa. A equipe do museu também fala com o público pelo Twitter.

Refletindo sobre o fato de sua organização ter abraçado a transparência, Stein tinha o seguinte a dizer: "A 'abertura' é uma penalidade que nos encoraja a permanecermos íntegros, uma motivação externa para continuarmos a fazer a coisa certa mesmo quando ela tem uma aparência negativa em sua superfície".

Para que organizações sem fins lucrativos funcionem com sucesso fazendo uma rede com as outras em seu ecossistema, elas precisam estar abertas e serem transparentes. Transparência não é um modismo ou um sistema; é um modo de pensar e ser das organizações. Estas precisam ser brutalmente honestas consigo mesmas sobre como e se irão se abrir interna e externamente. Precisam se desafiar a fazer um trabalho melhor na partilha de informações sobre resultados, que vá além da sala dos diretores. E elas devem não apenas solicitar, como também honrar o input público ao utilizá-lo e respondê-lo.

Neste capítulo, definiremos e exploraremos as três categorias da transparência. Também iremos identificar as formas pelas quais organizações podem praticar a transparência usando a mídia social.

POR QUE TRANSPARÊNCIA E POR QUE AGORA?

Uma maior transparência é vital para as organizações sem fins lucrativos que querem abraçar uma rede mais ampla de indivíduos e organizações. Se envolver com maior honestidade e abertura com o mundo das redes não pode apenas acontecer sem uma transparência organizacional significativa.

O Terceiro Setor tem sido lento em adotar quase qualquer nível de transparência. Um estudo sobre práticas voluntárias realizadas pelas organizações sem fins lucrativos conduzido pelo Guidestar, um repositório on-line de informações sobre milhares de organizações, revelou que somente 43% das instituições examinadas postavam seus relatórios anuais em seus Websites. Treze por cento postava suas auditorias financeiras e um minúsculo 3% postava suas respectivas declarações do IR.[4]

É tentador classificar as organizações como transparentes ou não. Entretanto, transparência é algo mais complicado do que uma simples classificação poderia demonstrar. Não é um mero jogo de equilíbrio de perdas e ganhos para as organizações. Certamente, as organizações deveriam ao menos beirar o limiar do envolvimento, mas, além dele, existe a escorregadia escala de abertura que se modifica conforme as circunstâncias e necessidades de uma organização e sua rede.

Por exemplo, as organizações deveriam ser facilmente entendidas por quem está do lado de fora e fáceis de serem navegadas, uma vez estando dentro. Mas isso não significa que toda conversação, pedaço de papel e decisão requer um olhar público detalhado. Como a pioneira tecnológica Esther Dyson disse: "Você não pode ser plenamente transparente o tempo todo, porque precisa dar às pessoas um lugar seguro para travar discussões, mas sem desrespeitar as outras".[5]

Chris Anderson, o editor chefe da revista *Wired* e autor de *A cauda longa* (2006) e *Free* (2009), confirmou essa noção: "Transparência radical é a meta derradeira, mas cada companhia precisará encontrar seu próprio caminho, aquele que reflita sua cultura corporativa, seu risco competitivo e, mais importante, quem seus participantes são ou podem ser. Meu ponto é: tente ser mais transparente em vez de menos e veja o que acontece".[6]

A fim de dar início a uma conversação sobre transparência, cada organização precisa determinar o seu ponto de largada.

TRÊS TIPOS DE ORGANIZAÇÕES

Organizações sem fins lucrativos caem em três categorias mais amplas de transparência. A primeira é a **Fortaleza**.

Organizações Fortalezas ficam atrás de paredes enormes e de sombras desenhadas, mantendo o mundo externo no gabinete do computador, para deixar os segredos dentro e os invasores fora. Autoproteção é comportamento normativo dentro de Fortalezas: "Esta é a maneira como fazemos as coisas aqui, é como nos vestimos e como nos comunicamos uns com os outros". Onde existe um "nós", precisa haver um "eles".

Organizações Fortalezas mantêm "eles" do lado de fora dos portões, valendo-se de suas versões atuais de poços e pontes levadiças. Qualquer coisa, particularmente a comunicação, vai para o exterior da Fortaleza, mas nada volta para dentro. Dispositivos desenhados para manter as pessoas fora incluem planos desenvolvidos somente pela equipe, *press releases*, reuniões fechadas e tomadas de decisões não explicadas. Formulários, aprovações, comitês e cadastros são bombas burocráticas que mantêm as Fortalezas se movimentando a uma velocidade glacial.

Fortalezas têm um DNA de aversão a riscos, resultado de se colocar juntas, em um mesmo espaço, pessoas que estavam primariamente preocupadas com a própria reputação e a permanência no emprego. A precaução se torna a filosofia operacional prevalecente na maioria dessas organizações. Fortalezas esperam o pior das pessoas; é o que seus líderes consideram ser a forma mais prudente de trabalho. Melhor segurança do que pedir desculpas, eles acreditam, e segurança significa manter distância.

Fortalezas são as instituições estereotipadas, as agências do governo e os monopólios com os quais interagimos por termos pouca ou nenhuma opção. Esse modelo, contudo, não é exclusividade de organizações lucrativas e de setores governamentais; um número significativo de organizações do Terceiro Setor pode ser classificado como Fortalezas.

A segunda categoria de organizações é a **Transacional**. Estas fornecem serviços que são oferecidos e selecionados pelo público primariamente com base no custo. Por exemplo, clientes de serviços aéreos podem preferir voar pelas companhias JetBlue ou Southwest, mas escolherão outra empresa – assentos sujos, equipe desagradável etc. – se o preço da passagem for mais baixo.

Organizações sem fins lucrativos transacionais veem as pessoas do lado de fora servindo para apenas um propósito: assinar cheques.

Organizações dessa categoria conferem constantemente seus controles para saber o número de pessoas que foi a um evento ou que fez doações, ou para ter conhecimento de quantos voluntários apareceu ou da quantidade de leitos que foi preenchida. Na mente Transacional, conferir essas interações isoladas é o mesmo que cumprir a missão da organização. Contudo, elas estão mudando; a United Way e a United Jewish Appeal eram conhecidas por terem relacionamentos transacionais com suas comunidades.

Ser qualificada como uma organização transacional não quer dizer que a empresa opere unicamente da maneira descrita, mas significa que seu modo predominante de operação se foca em interações transacionais com pessoas que estão fora de seus muros.

A terceira categoria é **Transparentes**.

O oposto das Fortalezas, as Transparentes podem ser consideradas casas de vidro, com as organizações presumivelmente sentadas atrás de suas paredes. Entretanto, isso ainda não é a verdadeira transparência, porque ainda existe uma parede. A verdadeira transparência ocorre quando as paredes são derrubadas, quando a distinção entre o interior e o exterior se torna desfocada, e quando é permitida a entrada de pessoas de fora e a saída de pessoas de dentro.

A transparência é ainda mais forte quando as altas paredes e portas fechadas não foram criadas em primeiro lugar. Podemos pensar na transparência como uma esponja do mar. O nome científico das esponjas é *Porifera*, que significa "poro que suporta". Esses organismos simples permitem a passagem pelos seus poros de até 20 mil vezes o seu volume em água todos os dias, enquanto respiram e se alimentam.[7] Mas, como também estão presos ao fundo dos oceanos, podem resistir ao fluxo constante sem inibi-lo.

Organizações transparentes se comportam como esponjas. Elas estão ancoradas, são claras sobre o que fazem e sabem o que estão tentando realizar. Porém, ainda permitem que as pessoas entrem e saiam com facilidade e são enriquecidas pelo processo. Isso só pode acontecer quando as organizações confiam que aqueles do lado de fora terão boas intenções, um ingrediente-chave para a construção de relacionamentos.

Organizações são Transparentes quando:

- A liderança é sincera ao falar com diversos públicos.
- Os funcionários estão disponíveis para reforçar a visão pública da organização e ajudar às pessoas quando for apropriado.
- Seus valores são facilmente vistos e entendidos.
- Sua cultura e operações são visíveis para todos dentro e fora.
- Elas comunicam todos os resultados, bons e maus.

Organizações transparentes consideram todas as pessoas dentro e fora delas como recursos para ajudá-las a atingir suas metas. Jake Brewer, diretor de relacionamento da Fundação Sunlight, descreve os esforços de sua organização para ser transparente da seguinte maneira: "Nós, com frequência, perguntamos nas reuniões com a equipe: 'Como a comunidade pode nos ajudar com isto?' ou 'Como isto pode ser mais aberto?'. O resultado é que, em vez de termos um e-mail interno que somente a equipe vê, todos os nossos seguidores do Twitter o veem conosco".[8]

O INSTITUTO SMITHSONIANO PRATICANDO A TRANSPARÊNCIA

Uma noite no museu 2 estreou na primavera de 2009 nos cinemas de todo o país. No filme, o Instituto Smithsoniano ganha vida de formas incríveis e divertidas. Amelia Earhart voa com seu avião desafiadoramente, enquanto os monumentos nacionais ganham vida e vagam pela cidade. Esta espiada dentro do museu espelha os esforços das organizações para abrir seu processo de planejamento estratégico na Web para o público ver e tomar parte.

A transparência pode se tornar parte do processo para garantir que a equipe e o público tenham oportunidades de ajudar a moldar os esforços em perspectiva. O processo estratégico de planejamento aberto do Instituto Smithsoniano para o seu programa de mídia digital é apenas um exemplo.

Todos os planejamentos de esforços anteriores tinham ocorrido atrás de portas fechadas. Mas isso foi antes da crise. Em 2008, o Smithsoniano expulsou o então presidente Lawrence M. Small por administração financeira incompetente. Quando o novo presidente G. Wayne Clough foi anunciado, ele disse: "Eu sei que para a cabeça de muitas pessoas o Smithsoniano tem a ver com o passado. Mas não tem. Ele tem a ver com o futuro da América".[9]

Clough foi irredutível em fazer da nova mídia um ponto de foco estratégico para o futuro do Instituto. E Michael Edson, chefe de informação da Web e da nova mídia, se tornou a força em movimento por trás da modelagem do processo de planejamento aberto do Instituto.

O Smithsoniano começou com uma série de discussões facilitadas por *workshops* frente a frente. Os *workshops* incluíam a equipe do Smithsoniano e também representantes de todas as diferentes camadas que ele estava tentando atingir. Cada *workshop* também incluía transcrições em tempo real de procedimentos postados no Website.

A informação gerada a partir desses eventos foi então compartilhada em uma plataforma wiki, onde o público podia avaliar, peneirar, pesar e considerar as ideias. Os líderes Smithsonianos escreveram uma carta aberta e a postaram no wiki para explicar o que estavam fazendo e por quê:

Achamos que muitas estratégias planejadas falham por causa de cinco erros clássicos, os quais, com a sua ajuda, pretendemos evitar:

- O planejamento da estratégia é concebido como uma estatística, uma atividade que ocorre uma vez a cada cinco anos.
- A estratégia é muito ambiciosa para as habilidades e a capacidade da organização.
- Ninguém traduz a estratégia em táticas de ação.
- Os dados, métricas e análises existentes são insuficientes para guiar as decisões contra a corrente ou, acompanhando a correnteza, para avaliar seu sucesso tático.
- O proprietário da estratégia é ambíguo e intermitente.

A carta continua:

Isto é uma experiência não isenta de risco. Gafes inevitáveis, passos mal dados e erros estúpidos serão confinados à zona neutra dos espaços de domínio dos wikis, e não santificados sob o banner www.si.edu.[10]

O Smithsoniano continuou sua coleta de dados e informações fazendo a seguinte pergunta no YouTube:

Dadas as novas maneiras de adquirir e compartilhar o conhecimento por meio da tecnologia – Internet, redes sociais, compartilhamento de vídeos e telefones celulares –, como você vê o futuro dos museus Smithsonianos e seus Websites? Como podemos tornar a educação mais relevante para você em uma era digital?

Noventa pessoas fizeram uploads de vídeos para o YouTube com seus desejos e aspirações para o Instituto.

Conforme Marc Bretzfelder, um membro da equipe sSmithsoniana, comentou no blog de Beth: "Fazer com que um instituto tão grande quanto o nosso seja responsável por uma abordagem integrada para as novas mídias sociais requer a construção de nossos sistemas de baixo para cima para ir ao encontro das necessidades internas de nossos pesquisadores e de outros especialistas. Precisamos começar a obter uma visão a partir de muitas perspectivas, e essa é apenas mais uma fatia do bolo".[11]

Fazer uma mudança para trabalhar de maneiras mais abertas e porosas não é fácil, mas alguns passos podem ser dados logo no começo para ajudar a facilitar essa transição.

TRABALHE COM TRANSPARÊNCIA

De uma forma escancarada, nossa mensagem para as organizações dos tipos Fortaleza e Transacional é: "Derrubem as paredes!". Naturalmente, levantar-se da cadeira e declarar isso é uma coisa, enquanto fazê-lo é outra bem diferente.

O que vem a seguir são exemplos de maneiras pelas quais as organizações podem se tornar mais transparentes, acessíveis e inteligíveis para as pessoas do lado de fora. No nível mais fundamental neste mundo conectado, as organizações precisam ser fáceis de serem encontradas. O autor e blogger Jeff Jarvis explica: "Uma vida pública hoje em dia é questão de destacar o seu autointeresse. Você precisa ser público para ser encontrado. Toda vez que você decide não tornar algo público, cria o risco de não ser encontrado por um cliente ou, então, de que ele não confie em você porque está mantendo algo em segredo. Ser público também é uma ética. E quanto mais público você for, mais fácil será encontrá-lo e mais oportunidades terá".[12] Jarvis está se referindo especificamente a organizações que garantem que seus Websites podem ser facilmente encontrados por **programas de busca** como o Google. O caráter público também ocorre quando as organizações criam blogs que permitem comentários e marcam presença em sites de redes sociais, como o Facebook, o que permite que tais organizações sejam facilmente encontradas por estranhos.

Outra forma de começar a se tornar mais transparente é publicando informações sobre a organização. A antiga economia via vantagens em manter materiais trancafiados e fora de alcance. As organizações procuravam maneiras de gerar renda, pedindo às pessoas que pagassem por conteúdos como currículos escolares ou materiais de treinamento. Na verdade, essa abordagem levantava pouco dinheiro, mas reforçava as defesas das Fortalezas.

As organizações não precisam esperar que as pessoas peçam informações; elas próprias podem mantê-las on-line. A lei exige que o Conselho Administrativo as torne públicas se estas forem solicitadas, mas as informações podem ser postadas on-line, sem esperar que peçam por elas.

Organizações que não tornam seus relatórios básicos disponíveis ao público estão jogando um jogo sem propósito de empurra-empurra. Por exemplo, assim como acontece com os Conselhos Administrativos, as declarações de IR têm que ser tornadas disponíveis mediante pedido. Então, por que não antecipar essa decisão em vez de esperar que isso seja arrancado da organização?

As organizações também podem ir além de seus relatórios de impostos e revelar exatamente quanto dinheiro receberam de um indivíduo, de uma corporação e de fundações doadoras. Se alguém solicita que sua contribuição permaneça anônima, tudo bem; mas a maioria das pessoas se orgulha de suas doações e adoraria vê-las sendo reconhecidas.

E conquanto estamos postando coisas, por que não postar auditorias financeiras com as declarações de impostos, mais os planos estratégicos, planos de avaliação, relatórios e quaisquer outros planos que existam?

Universidades estão postando currículos on-line e oferecendo palestras em vídeo de graça. Aplicativos de softwares abertos como o Firefox têm o seu código aberto aos programadores para que eles possam melhorá-lo.

As organizações podem deixar seu conteúdo seguir sem que percam controle sobre ele inteiramente. O Creative Commons é um crescente movimento de licenciamento para a liberação de conteúdo isento das restrições de direitos autorais. Ele permite que criadores compartilhem conteúdo com quem quer que escolham, dando seus materiais e ferramentas para um público mais amplo e de uma forma respeitosa e justa. Por exemplo, uma organização pode postar sua apostila de treinamento para que outros usem, mas solicitar que lhe deem o crédito quando isso for feito. Também pode solicitar uma taxa pelo uso, ou simplesmente deixar o conteúdo livre e pedir aos usuários que compartilhem qualquer melhoria feita nele.

O Fundo de Defesa Ambiental liberou de maneira poderosa seu conteúdo. A organização usa as licenças do Creative Commons em seu Website para encorajar os outros a utilizar o seu material com atribuição, além de compartilhar materiais de treinamento em seu próprio site e no Slideshare, um Website de compartilhamento de apresentações. Também posta documentos estratégicos em seu blog e os compartilha como documentos do Google. Membros da equipe do Fundo de Defesa Ambiental ainda compartilham pesquisas com suas redes e pedem ajuda para desenvolvê-las no futuro. Dave Witzel, diretor da organização Innovation Exchange, diz que este é o melhor caminho para que a instituição aproxime as linhas entre o trabalho interno e o externo.

De fato, transparência não se trata somente de um exercício externo com o público; é importante também para que as organizações se abram e compartilhem informação internamente, com a equipe. Um assunto espinhoso para muitas organizações é se devem compartilhar informações sobre salários. Contrário ao que diz a sabedoria convencional, salários nem sempre são trancafiados fora do alcance e da vista do público. Nós sabemos o quanto astros do cinema e jogadores de futebol recebem. Sabemos o quanto executivos de empresas públicas ganham. Salários de membros do governo e da União também são informação pública. Anos atrás, os salários de executivos de ponta de organizações sem fins lucrativos começaram a ser relatados nos formulários do IR.

Nenhuma dessas organizações ou instituições ruiu como resultado da transparência salarial. As organizações que resistem à partilha desse tipo de informação são movidas por um desatualizado senso vitoriano de educação ou pelo medo de que a partilha venha a abrir a caixa de Pandora do desassossego e da fofoca. Contudo, isso nunca ocorre por revelar informações, mas sim por manter segredos.

Mais informações sobre salários já se encontram na Web em Websites como Glassdoor.com, em que as pessoas podem anonimamente postar informações salariais sobre companhias particulares. Ed Lawler, diretor do Centro para Eficiência de organizações da Escola de Negócios Marshall, que fica na Universidade da Califórnia do Sul, disse que os empregados irão se sentir traídos e desvalorizados com a falta de informações confiáveis sobre como são pagos em comparação a outros dentro da organização.[13]

Se as organizações querem que suas equipes se sintam tratadas com justiça, precisam mostrar clareza, intencionalidade e transparência salarial, além de garantir que os motivos e os limites para as promoções e os aumentos salariais sejam explicados de maneira aberta.

Uma vez iniciado esse caminho, as organizações encontrarão uma miríade de formas para compartilhar internamente informações que reduzam a incerteza e aumentem a confiança. Como resultado, poderão afrouxar os nós apertados – grupos de pessoas que sabem das coisas *versus* grupos de pessoas deixadas de fora – que transformam organizações em Fortalezas.

CRIANDO UM FUTURO TRANSPARENTE

O futuro da organização precisa ser tão transparente quanto o passado. Uma boa maneira de começar é com conversações internas sobre como a organização funciona. Quem toma as decisões estratégicas dentro da organização? Essas pessoas podem ser interpeladas caso alguém discorde do que dizem? Como iremos aprender o quanto estamos indo bem? Como podemos obter mais input a partir de uma variedade mais ampla de pessoas? As organizações podem começar essas conversações internamente e, então, pedir que sejam compartilhadas externamente com a rede de pessoas que as apoiam, de forma bastante similar à feita pelo Instituto Smithsoniano.

A transparência também auxilia a contabilidade organizacional. Um blog de um executivo sênior pode ser de enorme ajuda para facilitar conversas sobre planejamento e garantir que aqueles que estão dando input se sintam ouvidos, como parte de conversações constantes e interativas sobre o modo pelo qual a organização opera. Vamos imaginar que uma organização seja acusada de fazer mau uso de fundos públicos. Lembrando o velho ditado de que a melhor defesa é o ataque, o blog que aquele executivo sênior vem escrevendo há um ano e que compartilha informações sobre a organização se tornará agora um veículo para abordar a crítica diretamente. O blogger pode discutir as acusações, compartilhar o processo contábil e manter um diálogo aberto com o público sobre as finanças de sua organização.

Em suma, ressalta-se que, ao tornar o seu trabalho público, as organizações estão prometendo fazer determinadas coisas de determinadas maneiras. O público também pode se juntar em esforços grupais como aqueles que discutiremos no Capítulo Oito, "Trabalhando com multidões". Dessa forma, ele ajuda a manter a organização responsável, e ela pode manter os seus participantes responsáveis pelo que eles fazem e como fazem.

CONCLUSÃO

Organizações que não estão acostumadas a "soltar" informações, documentos e processos podem achar a transição para a transparência desconfortável. Mas os benefícios de convidar as pessoas para entrar e compartilhar o desenvolvimento de uma organização supera em muito o potencial lado negativo que possa existir. Imagine o quanto as reações das redes, input, e sugestões fortalecerão sua organização – e o quão excitante será compartilhar seu grande trabalho com mais pessoas.

QUESTÕES PARA REFLEXÃO

Informação

- Que informações financeiras você deve postar e quando?
- Quando a revelação plena pode ajudar e quando pode prejudicar sua organização?

- A sua organização conhece a linha entre ser "aberta" e "revelar segredos comerciais"?
- Existem processos internos ou conversações que, para efeito de *feedback*, seriam apropriados compartilhar em uma fase anterior à que você está compartilhando agora?
- É possível relatar processos à medida que eles acontecem, a fim de facilitar um maior *feedback* de acionistas e investidores e melhorar o programa?

Relacionamentos

- A sua abertura é respeitosa e sensível às outras organizações e pessoas?
- Existem alguns conflitos em potencial que possam ser combustível para a crítica pública?
- Qual é sua estratégia para lidar com relacionamentos potencialmente difíceis?
- Existem relacionamentos (ou informações sobre eles) que, se tornados públicos, poderiam prejudicar ou constranger sua organização?

Funcionários

- Você tem políticas claras e bem comunicadas, de modo que seus funcionários conheçam os limites, particularmente no que se refere a informações confidenciais?
- Que ferramentas a gerência tem para se comunicar com os funcionários? Elas constroem confiança?
- Como os funcionários podem responder a essa comunicação?
- Sua equipe sente de verdade que suas opiniões e preocupações importam e que os seus interesses são ouvidos? Fora do local de trabalho, a equipe continua sendo defensora de sua organização?

Partilhando os Resultados

- Como sua organização responde a questionamentos?
- Como sua organização testa novos métodos e compartilha os resultados?
- Meça o número de vezes que os líderes da organização estiveram disponíveis para responder dúvidas.

Construindo confiança por meio de transparência **109**

NOTAS

1. Informação sobre o Museu de Arte de Indianápolis pode ser acessada em http://publications.guidestar.org/transparency-report/ .

2. Rob Stein, comunicação por e-mail com Beth Kanter, 13/out/2009.

3. Ibid.

4. Guidestar, "The State of Nonprofit Transparency, 2008: Voluntary Disclosure Practices", 2009, http://publications.guidestar.org/transparency-report/ (acessado em 23/out/2009).

5. Beth Kanter, "Transparency Camp ~FT09: Blogging and Tweeting na Open Board Meeting" Beth's Blog, 8/ago/2009, http://beth.typepad.com/beth_blog/2009/08/transparency-camp-west-09-live-blogging-an-open-board-meeting.html (acessado em 3/set/2009).

6. John C. Havens, entrevista com Chris Anderson para BlogTalkRadio, 14/fev/2008, http://www.blogtalkradio.com/transparency/2008/02/14/Interview-with-Chris-Anderson (acessado em 23/jul/2009).

7. Museu de Paleontologia da Universidade da Califórnia, "Introduction to Porifera", http://www.ucmp.berkeley.edu/porifera/porifera.html (acessado em 21/mai/2009).

8. Beth Kanter, "Opening the Kimono" Beth's Blog, 3/ago/2009, http://beth.typepad.com/beth_blog/2009/08/opening-the-kimono-week-on-beths-blog-a-day-in-the-life-of-nonprofit-social-media-strategists-and-tr.html (acessado em 30/set/2009).

9. Jacqueline Trescott e James V. Grimaldi, "Ga. Tech Chief Selected as Head of Smithsonian", *The Washington Post,* 16/mar/2008, http://

www.washingtonpost.com/wp-dyn/content/article/2008/03/15/
AR2008031501150.html (acessado em 16/set/2009).

10. SI Web e New Media Strategy, "Precess-at-a-glance", http://smithsonian-Webstrategy.wikispaces.com/Process+at-a-Glance (acessado em 12/out/2009).

11. Beth Kanter, "Smithsonian: Crowdsourcing an Institution's Vision on Youtube" Beth's Blog, 25/mai/2009, http://beth.typepad.com/beth_blog/2009/05/smithsonian-crowdsourcing-an-institutions-vision-on-youtube.html (acessado em 23/ago/2009).

12. Jeff Jarvis, *What Would Google Do?* Collin Business, Nova York, 2008, p. 45.

13. Lisa Belkin, "Psst! Your Salary Is Showing", Life's Column, *The New York Times,* 19/ago/2008, http://www.nytimes.com/2008/08/21/fashion/21Work.html?scp=3&sq=lisabelkin,ceosalaries&st=cse (acessado em 21/mai/2009).

Tornando as Organizações Sem Fins Lucrativos Mais Simples

capítulo
SETE

"Como é possível o país mais rico do mundo ter 20% de suas crianças vivendo na pobreza?", perguntaram Joan Blades e sua amiga, Kristen Rowe-Finkbeiner. A curiosidade delas foi atiçada e elas começaram a cavar mais fundo. Aprenderam que os Estados Unidos não têm uma boa colocação se comparados com outros países industrializados no que se refere à mortalidade infantil, licença-família, licença-saúde, e qualidade no atendimento hospitalar a crianças e planos de saúde. Por exemplo, aproximadamente 80% dos trabalhadores de baixa renda não têm plano de saúde. Para mães que trabalham fora, isso significa que não poderão tomar conta de seus filhos se eles adoecerem. Como Joan diz: "Uma sociedade que marginaliza suas mães empobrece suas crianças".[1]

Joan é cofundadora do MoveOn.org e Kristen é jornalista e especialista em educação ambiental e estratégias políticas. Elas examinaram o contexto das organizações e das pessoas que trabalham com temas de políticas públicas que afetam mães e filhos. Consultaram grupos de advogados, políticos eleitos e acadêmicos. Também viram uma omissão crítica e irritante: as mães.

Em 2006, decidiram juntar as suas amplas experiências organizacionais e o conhecimento que tinham em mídia social para criar uma organização sem fins lucrativos chamada MomsRising.org.

Joan e Kristen começaram escutando mães por todo o país. Foram a encontros em cafés e salões – saindo intencionalmente dos limites convencionais de renda, educação, geografia e religião – para escutá-las falar sobre suas vidas e batalhas para criar seus filhos com tantas barreiras institucionais e políticas que ficam no caminho.

Elas ampliaram essas conversações on-line usando o blog para engajar mais pessoas. Pediram que as pessoas se tornassem membros do Website, solicitando endereços e códigos postais. A associação não se baseava em pagamentos e todos os membros recebiam atualizações por e-mail e alertas de ações.

Dois anos depois, a MomsRising.org tinha por volta de 160 mil membros. Em 2009, a organização criou o vídeo chamado "A Mãe do Ano", que as pessoas podiam enviar para mães que conheciam (ver Figura 7.1). O vídeo tornou-se viral e foi visualizado mais de 12 milhões de vezes. O resultado foi que 1 milhão de novos membros se juntou à organização, um fantástico crescimento em pouco tempo.

Tão notável quanto o que a MomsRising.org fez é o que ela não fez. De forma intencional, a organização não cresceu para se tornar um espaço grande e cheio de burocracia. Permaneceu simples de propósito ao:

- Manter uma equipe de dez pessoas, todas trabalhando virtualmente.

- Usar as ferramentas de mídia social sempre que possível para simplificar o trabalho internamente e se envolver em conversações com pessoas de sua rede de trabalho.

- Sentir-se tão confortável seguindo quanto liderando. Por exemplo, elas escutavam os desejos de seus membros e os adicionavam à sua lista de políticas de prioridades, exigindo uma rígida aplicação de padrões federais, que garantiu que brinquedos com excesso de chumbo, como o trem Thomas, importado da China, não entrassem no país.

- Manter-se naquilo que faz melhor. Outras organizações teriam considerado adicionar um departamento jurídico ou algum braço ao seu corpo. Afinal, sem mudanças na política, a MomsRising.org não poderia ser bem-sucedida. Mas Kristen e Joan sabiam que era importante para elas permanecerem naquilo que fazem melhor – alcançar e organizar as mães.

Elas estabeleceram parcerias com dezenas de grupos de advogados para ampliar sua rede sem precisar trazer a tarefa para si mesmas. Joan disse: "Nossa especialidade é trabalhar com nossos membros e dar força às bases. Nós temos parceiros maravilhosos que são escolados nesses outros assuntos. É uma relação de ganha-ganha".[2]

Uma retórica comum dentro de organizações sem fins lucrativos e suas equipes é: "Como eu posso tornar minha vida mais simples quando tenho tanto a fazer?". A resposta é bem simples: *Você tem muito o que fazer porque você faz demais.*

Figura 7.1
MomsRising.org "A Mãe do Ano" – Vídeo customizável

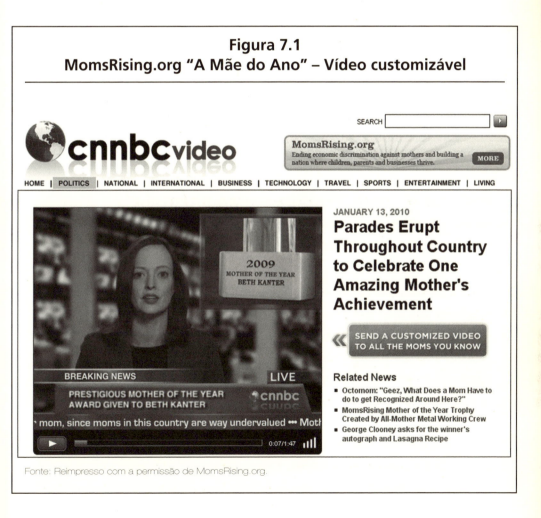

Fonte: Reimpresso com a permissão de MomsRising.org.

As pessoas e as organizações fazem demais quando trabalham dentro de sistemas muito complicados. A complexidade desacelera as organizações e cria estruturas bizantinas, que mantêm as boas ideias e a energia do lado de fora das paredes. Entretanto, fazer algo complicado é, na verdade, bastante fácil, enquanto fazer algo simples – sem cortar sua essência – é realmente difícil. Até mesmo escrever sobre a simplicidade é difícil!

A simplicidade dá clareza às organizações e as força a focar sua energia naquilo que fazem melhor enquanto alavancam recursos de seus ecossistemas para o restante das atividades. A simplicidade fornece conexões mais informais entre as pessoas, dissolve limites e capacita quem estiver dentro da organização a sair e quem estiver fora a entrar. Por fim, a simplicidade ajuda a escalonar esforços a fim de que, juntas, as pessoas possam fortalecer e melhorar as comunidades mais do que uma única organização poderia fazer.

Neste capítulo, discutiremos por que organizações precisam ir da complexidade para a simplicidade para se tornarem Organizações Conectadas. Também forneceremos sugestões específicas de procedimentos para que as organizações e suas equipes possam simplificar seu trabalho.

POR QUE A COMPLEXIDADE É UMA BARREIRA PARA SE TORNAR UMA ORGANIZAÇÃO SEM FINS LUCRATIVOS CONECTADA

Nosso caso de amor com a complexidade organizacional começou muito tempo atrás. Yochai Benkler escreveu sobre organizações e a atração delas pela complexidade da seguinte maneira: "A solução para esta crescente complexidade no final do século XIX e começo do século XX foi aumentar o papel da estrutura e melhorar o seu *design*. Durante os primeiros dois terços do século XX, este tipo de racionalização assumiu a forma de sistemas de gerenciamento cada vez mais complexos, com uma especificação encaracolante de papéis, linhas de autoridade, comunicação e controle".[3]

Como discutido no segundo capítulo, as organizações sem fins lucrativos não estavam imunes à tendência em direção à complexidade organizacional. No decorrer do século XX, elas se tornaram mais burocráticas e hierárquicas, mais parecidas com fortalezas e menos como organizações transparentes. Mas nem toda a profissionalização foi ruim para o Terceiro Setor. Por exemplo, a melhora nas responsabilidades financeiras beneficiou tanto as organizações quanto as pessoas que as regulamentam e levantam fundos. Porém, organizações acreditaram profundamente que adicionar mais camadas, pontos de decisão, canais e computadores era o melhor caminho para tentar cumprir suas missões.

Margaret Wheatley resume o processo de organizações se tornarem mais complexas: "Coisas que eram simples, como conversas na vizinhança, se transformaram em uma técnica, como um diálogo entre culturas e geracões. Uma vez que um processo simples se transforma em uma técnica, ele só pode se tornar mais complexo e difícil".[4] O crescimento de organizações individuais as tornou maiores, mais caras e mais difíceis de serem administradas e sustentadas. Por definição, ele não as tornou mais efetivas.

A firma de consultoria internacional Booz Allen Hamilton fez um estudo sobre os pontos negativos da complexidade organizacional para o Terceiro Setor. O documento, intitulado "Vítimas do sucesso: reduzindo a complexidade das organizações sem fins lucrativos", afirmava que, à medida que elas se tornavam maiores, seus líderes deixavam de entender como o trabalho era feito. Gerentes regionais não compreendiam como seus papéis se encaixavam no quadro organizacional mais amplo. E as organizações mudavam sua missão e estratégia com frequência a pedido dos doadores.[5]

A complexidade deriva em parte do desejo de controlar interna e externamente os ambientes ao máximo possível. Ela cria as distrações que tornam a vida organizacional maluca, disfarçando sua ineficiência. Passa a ser o tempo todo uma discussão sobre quem é responsável por fazer o quê, em vez de apenas fazê-lo. Toda a energia é gasta tentando controlar mensagens, pessoas e marcas. Tire um momento para imaginar como a vida organizacional poderia ser diferente se parássemos de gastar tempo discutindo quem pode e quem não pode ir a determinada reunião, e simplesmente a tornássemos aberta a todo mundo.

A complexidade e o desejo de controlar o ambiente fazem que as organizações se fechem para seus ecossistemas. Assim, isso cria por sua vez uma luta interna maluca em busca de recursos. De acordo com a blogger Michele Martin, as organizações sem fins lucrativos "estão constantemente falando sobre o que falta – dinheiro, informação, equipe, recursos. Há um forte sentimento de que não há o suficiente para seguir em frente e, portanto, o foco está em agarrar a maior parte possível para si e se manter assim até o fim da vida". As organizações que caem na armadilha dessa bolha de escassez definem todos os demais que estão do lado de fora como competidores na busca de recursos.[6]

O oposto de escassez é abundância. As organizações que se conectam com seu ecossistema encontram seus mundos preenchidos com uma variedade de novos recursos. O ecossistema tem dentro de si pessoas com especialidades e criatividade, voluntários dispostos a se doar, organizações colaborativas e doadores em potencial. As organizações que se focam em abundância, em vez de escassez, também estão aptas a se abrirem para abordagens inovadoras de seus ecossistemas. Quando destravadas de suas posturas competitivas, as organizações têm oportunidades para se engajar diferentemente com as pessoas de fora de suas paredes. Peter Dietz, fundador da Ações Sociais, um banco de dados aberto de ações que qualquer pessoa pode fazer em prol dos esforços para a mudança social, disse: "Dinâmicas e processos colaborativos podem ser bem mais eficientes na produção da inovação do que competir".[7]

Netflix, a companhia de cinema de aluguel, patrocinou uma competição com um prêmio de 1 milhão de dólares. A Netflix recomenda filmes para seus clientes on-line usando um complexo algoritmo baseado em visualizações anteriores daquele cliente e comparando-as com as de outros. A pessoa ou organização vencedora melhoraria em 10% a porcentagem dos filmes recomendados aos seus clientes, que eles iriam então assistir e adorar. O *New York Times* relatou uma descoberta surpreendente na conclusão: "A maior lição aprendida, de acordo com os membros das duas principais equipes, foi o poder da colaboração".[8]

Os dois grupos principais eram colaborações de pessoas e organizações que poderiam ter visto uns aos outros como competidores. Ao contrário, eles perceberam que a melhor chance que tinham de vencer era que cada pessoa ou organização focasse naquilo que fazia melhor e criasse uma equipe de pessoas com as outras habilidades necessárias para ganhar o prêmio.

Vamos ajudar uma organização a praticar a mudança da escassez para a abundância. Uma diretora executiva nos disse alguns meses atrás que ela precisava levantar 30 mil dólares para um novo Website. Usando as suas lentes de escassez, ela achou que a única solução para seus problemas seria competir com muitas outras organizações pelo direito de subscrever o projeto para um número limitado de fundações.

Nós a ajudamos a refazer essa estrutura com as lentes da abundância. Ela não precisava de 30 mil dólares, mas de um novo Website. Certamente, poderia obter um novo Website se buscasse uma doação, pedisse fundos a um doador ou abordasse alguma companhia de desenvolvimento na Web pedindo ajuda gratuita. Mas essas não são as únicas maneiras. Ela também poderia postar uma questão em um de seus canais de mídia social, perguntando quem poderia ajudá-la a criar seu novo site. Imagine as respostas criativas: talvez alguém queira afiar suas habilidades no desenvolvimento de sites e adicionar esse esforço ao seu currículo. Ou quem sabe profissionais possam trocar suas habilidades, com uma *designer* criando o site em troca de um tutorial para uma proposta escrita.

As opções dela mostram que a simplicidade é mais do que uma tendência para as organizações. Também significa *escolher* não fazer algumas coisas meramente porque "esta é a forma pela qual elas sempre foram feitas".

SIMPLIFIQUE SUA ORGANIZAÇÃO

É essencial que organizações sem fins lucrativos se foquem no desenvolvimento de ideias, estruturas e processos mais simples possíveis. Em *O poder do menos*, Leo Babauta define simplicidade como um processo de dois passos: identificar os elementos essenciais do que você faz, e então eliminar o resto. Nós oferecemos uma modificação deste adágio para caber nas necessidades particulares da mudança social das organizações: "Faça o que você faz melhor e deixe o resto para as redes".[9]

Eugene Eric Kim, especialista em colaboração on-line, diz que a simplicidade é a chave para escalar os esforços da mudança social. "Pense nas formigas", ele diz. "Elas fazem duas coisas realmente bem: rebocar coisas e deixar trilhas. Esta é a chave para trabalhar dentro das redes... se focar em uma ou duas coisas que são feitas realmente bem. É a única forma de escalar".[10]

Ward Cunningham, celebrado programador de computadores e criador da ferramenta wiki, disse: "A simplicidade é o caminho mais rápido para uma solução. Você sempre foi ensinado a fazer o máximo que pode. Sempre adicione coisas. Sempre busque exceções. Sempre lide com o caso mais geral. Sempre dê o melhor conselho ao usuário. Sempre imprima uma mensagem de erro significativa. Sempre isso. Sempre aquilo. Há tantas coisas no *background* que você deveria fazer, que não sobra tempo para pensar. Eu digo, esqueça isso tudo e pergunte-se: 'Qual é a coisa mais simples que poderia funcionar?'".[11]

Então, onde e como as organizações podem começar a se tornar mais simples? Aqui vão algumas sugestões:

Esteja frente a frente consigo

As pessoas podem se apaixonar por seus próprios programas. Uma vez que você tenha investido em seu desenvolvimento, levantado dinheiro e testado-o ano após ano, deixá-lo partir pode quebrar seu coração. Mas quase todas as organizações têm programas, serviços e esforços que são mantidos principalmente porque sempre os tiveram e não porque estes ainda sejam necessários ou eficientes. É imperativo que as organizações se voltem ao que é fundamental sobre quem são e o que fazem melhor e se libertem do resto. A meta é fazer bem o mínimo, e não o máximo, para ir ao encontro da missão da organização.

Alavanque as redes de trabalho

Uma vez definido o que constitui os esforços centrais da organização, então é hora de alavancar as redes de trabalho para o restante dela. No livro *Agentes de confiança*, Chris Brogan chama isso de Princípio de Arquimedes. Ele escreve: "Dê-me uma alavanca longa o suficiente e moverei o mundo. Entender a alavancagem, especialmente a do tipo humano, é vital para desenvolver suas habilidades neste espaço".[12]

Quando nós perguntamos para membros das equipes o que suas redes sugeriam quando eles lhes pediam conselhos, com frequência eles admitiam que nunca lhes ocorrera fazer isso. Conforme discutimos no Capítulo Cinco, "Escutando, envolvendo-se e construindo relacionamentos", a reticência deles vem de uma relutância de parecerem fracos e indecisos para pessoas de fora. Redes saudáveis precisam de oxigênio, ou conversações, para crescer, e partes dessas conversações são pedidos de ajuda.

Organizações encontrarão pessoas e outras organizações com boas ideias e interesse em trabalharem juntas. Essa é a alavanca que elas precisam para deixarem de fazer tudo sozinhas enquanto garantem que muito está sendo feito dentro do ecossistema. Todas essas pessoas e organizações estão logo ali, na rede, no

LinkedIn, Facebook e Twitter, esperando para se conectar e dar apoio aos esforços de instituições.

Deixar o resto por conta das redes não é o mesmo que colaborações institucionais enfadonhas seladas por contrato. Relações formais e contratuais fazem parte da complexidade da vida organizacional que atrasa todas as coisas; elas requerem supervisão e geralmente fortalecem uma dose saudável de suspeita.

É claro, há ocasiões em que contratos são necessários, particularmente para salvaguardar a confidencialidade do cliente. Mas, com frequência, parcerias se tornam obrigações contratuais somente por causa de uma falha de estrutura organizacional, e não por ser mesmo necessário. Alavancar a rede significa deixar os papéis claros, coordenar esforços, notificar a todos o que está sendo feito e compartilhar recursos e ideias.

Um benefício adicional de alavancar é que as redes naturalmente têm redundâncias construídas dentro de si. Em um relacionamento contratual formal, uma organização estaria presa a uma ou duas outras organizações. A alavanca permite que uma organização trabalhe com muitas outras, protegendo-se contra o problema de sobrecarregar uma pessoa ou instituição. E não há obrigações a longo prazo para continuar a trabalhar com qualquer grupo em particular.

Alavancar uma rede permite que uma equipe de duas pessoas tenha, digamos, 20 trabalhando em seu nome. E mais: a equipe não estará trabalhando 14 horas por dia e fazendo tudo sozinha. David Venn, um profissional de comunicação no campo da saúde mental adolescente, experimentou essa mudança em primeira mão: "Nós usamos as redes sociais para nos conectar com outras organizações de forma que não precisássemos fazer todo o trabalho pesado. Fomos capazes de alcançar muito mais do que se operássemos uma ilha organizacional. Pudemos nos focar no que fazemos melhor – saúde mental para a juventude".[13]

Simplifique processos usando a mídia social

As organizações precisam questionar os seus processos e sistemas internos para garantir que elas estejam o mais livres de fricções possível. Por exemplo, as organizações gastam enormes quantidades de tempo marcando reuniões. Elas podem reduzir esse tempo utilizando ferramentas grátis da Web como Meeting Wizard e Doodle. O Skype é um sistema de telecomunicações grátis para videoconferências que pode substituir as reuniões presenciais. Documentos do Google, wikis como PBWiki, e grupos do Google e do Yahoo! são todas ferramentas grátis que dão apoio e coordenam grupos de trabalho. Usuários dessas ferramentas armazenam documentos, criam e compartilham projetos e constroem listas de correios eletrônicos para os projetos.

Reinvente a produtividade

Incorporar a mídia social dentro da vida organizacional desafia as suposições fundamentais que executivos seniores têm do trabalho e da produtividade. Se alguém medir produtividade unicamente como um padrão de eficiência ou um *checklist* das tarefas completadas, então as equipes engajadas na mídia social serão reprovadas no teste. Definir a produtividade para o uso de mídia social é diferente das formas tradicionais de trabalho. Dinamizar a missão da organização ao construir uma rede de patrocinadores que irão ajudar em algum momento do futuro de formas diversas e inesperadas significa gastar tempo em conversações que podem não ter qualquer resultados imediatos.

Simplificar processos organizacionais ajuda, mas não irá eliminar por completo a sombra negra que paira sobre as organizações – aquele sentimento devastador que os membros da equipe têm de estarem se afogando no trabalho. Eles se sentem dessa forma porque é verdade.

FAZER MAIS FAZENDO MENOS

Quando discutimos o uso da mídia social com as equipes de organizações sem fins lucrativos, as pessoas em geral empalidecem ante a ideia de adicionar mais uma coisa em suas listas de afazeres. Como se isso fosse possível! Mas a mídia social não é mais uma coisa para se fazer. Usar a mídia social é uma maneira de trabalhar que tem de ser entrelaçada no tecido da organização e no fluxo de trabalho individual. Mas primeiro nós precisamos diminuir o que fazemos porque nosso mundo social conectado apresenta mais do que nunca oportunidades para se distrair.

"Estupefato" é a melhor palavra para definir o sentimento de estar conectado a tantas pessoas e fontes de informação de uma só vez. Mesmo aqueles que circulam alegremente no meio do redemoinho da mídia social sentem que estamos nos afogando em informações, conteúdo, links, e-mails, posts em blogs, tweets e atualizações de amigos. Estamos rapidamente perdendo a habilidade de nos concentrar em uma coisa por vez neste mundo multitarefado, barulhento e pulsante.

Paul Lamb, consultor do Terceiro Setor, escreve: "A capacidade de os seres humanos focarem produtivamente em mais de uma tarefa por vez decai de forma significativa após duas tarefas serem introduzidas simultaneamente. Nós podemos falar ao telefone enquanto dirigimos, mas ao adicionar uma terceira atividade – digamos passar maquiagem – o tempo de reação diminui ao equivalente de um motorista bêbado".[14]

O pioneiro de mídia social Howard Rheingold descobriu que os alunos em seu curso na Universidade da Califórnia, em Berkeley, na verdade tinham de fechar seus laptops para poderem se concentrar na conversação que travavam. "Atenção", escreve ele, "é uma habilidade que precisa ser aprendida, modelada, praticada; é uma habilidade que precisa evoluir se quisermos evoluir".[15]

O desafio, portanto, é descobrir o que usar, e quando e como usar, para podermos administrar melhor um mundo do qual a mídia social faça parte.

Larry Blumenthal, diretor de estratégia de mídia social para a Fundação Robert Wood Johnson, refletiu sobre os esforços da equipe para construir a mídia social em seu trabalho: "Se pudermos superar a ideia de que mídia social é somente mais uma coisa para se fazer, veremos que essas ferramentas podem nos ajudar a fazer o que já estamos fazendo, só que de forma mais específica".[16] Usar a mídia social bem simplifica o nosso trabalho. Aqui vão algumas estratégias que facilitam a vida profissional com o uso da mídia social:

Crie uma agenda

Passar horas sem fim vagando pelo Facebook e Twitter não é viável – ao menos não para pessoas que não vivem em um dormitório escolar. Estabeleça um limite de tempo – digamos, uma hora por dia – para checar esse tipo de sites sociais. Ponha um lembrete em sua mesa ou em seu computador e mantenha um cálculo de quanto tempo você passou nos variados canais de mídia social on-line. Padrões irão se desenvolver após uma semana de monitoramento do seu uso de mídia social. Pense no quão valioso o seu tempo é e como isso se combina com a forma que você está usando-o on-line. Então crie uma agenda do que você quer checar, quando e por quanto tempo. Talvez das 8 às 9 horas da manhã para olhar seus e-mails, e após o almoço seja o momento de checar o Facebook e o Twitter.

Use as vantagens do Google

O Google tem uma gama imensa de ferramentas e mecanismos grátis para colocar você no comando de sua própria pequena porção de Web. Por exemplo, montar o seu próprio Google Alerts faz que o programa trabalhe para você, buscando notícias e posts de blogs na Web de acordo com as palavras-chaves registradas, e as entregando para você. Você prepara os parâmetros do que quer saber e o Google envia a informação para a sua caixa de entrada.

Diminua o fluxo da informação

E por falar em caixa de entrada, é importante que você assuma o comando da sua, e não o oposto. Cancele a inscrição de todas as listas e newsletters que não forem essenciais. Agende seus Google Alerts para entrarem uma vez por semana em vez de uma vez por dia. Reduza o número de novos sites e blogs em sua página de entrada ou no Google Reader. Apague e-mails que têm estado em sua caixa de mensagens por mais tempo do que você consegue se lembrar. Limite o próprio fluxo de informações ao estritamente necessário para você ser eficiente e criativo em seu trabalho. Apenas seja cuidadoso para não colocar tantos filtros e paredes a ponto de impedir que ideias interessantes sejam compartilhadas com você.

Escolha cuidadosamente suas ferramentas preferidas

Nós discutimos a necessidade de que todo mundo se sinta confortável e tenha facilidade em utilizar a variedade de ferramentas de mídia social. Isso não significa que todo mundo precisa usar todas as ferramentas o tempo inteiro. Foque-se em utilizar aquilo que funciona melhor para você. Pratique nos canais que se enquadram em seu estilo e interesses, e ressoe mais com sua rede. Foque o seu tempo na utilização dessas ferramentas.

Encontre suas fontes de confiança

Como discutido no Capítulo Quatro, "Criando uma cultura social", encontrar fontes confiáveis de informação diminui o tempo que você tem de gastar procurando por ela. Identifique de cinco a dez bloggers de confiança para garantir que sua atenção está sendo bem usada quando estiver lendo esses blogs. A mesma noção de fontes confiáveis se aplica ao Twitter, ao Facebook e ao MySpace. Às vezes, uma fonte confiável para se seguir on-line é alguém que você conhece pessoalmente ou que seja um especialista em determinada área.

Torne-se um amigo melhor

Quando os sites de redes sociais on-line começaram, a tendência de muitas pessoas foi colecionar amigos como prêmios em um concurso, mas pode ser sufocante utilizar canais como o Facebook com muitas vozes na mistura. Sua coleção de amigos no Twitter e no Facebook pode ter acontecido por acaso, mas não precisa permanecer assim. Limite-a a pessoas essenciais e, em troca, você será capaz de ouvi-las e ser um amigo melhor.

Filtre a conversação

Aprenda como utilizar filtros e ferramentas em canais como o Facebook para organizar melhor as conversações. Organize seu fluxo no Twitter para mostrar mensagens de suas pessoas favoritas. É importante se tornar intencional em relação às mensagens que você permitir que ocupe o seu tempo. Use as ferramentas disponíveis para tornar as correntes de informações mais gerenciáveis.

Desligue a porcaria do computador e vá dar uma volta

Depois de um tempo, a luminosidade de um monitor dançando diante de seus olhos começa a sugar sua energia, intensificando os efeitos da sobrecarga de informação. Levante-se, dê uma volta, ou se movimente um pouco. Também se sinta livre para fazer uma pausa no uso de uma ferramenta de mídia social em particular. Isso é uma chance de avaliar se aquela ferramenta é realmente útil para você.

Quando os efeitos da simplicidade e da carga de trabalho individual mais leve se juntam às organizações podem alcançar muito mais do que jamais puderam. Uma pequena organização de arte em Vermont demonstra como isso é possível.

SIMPLIFICANDO A RIVER ARTS EM VERMONT

A River Arts nasceu em 1999 para servir a região do Vale Lamoille nas comunidades rurais ao norte de Vermont. A organização surgiu a partir de uma série de conversações comunitárias que evidenciaram a escassez de oportunidades para participar e aprender sobre o artesanato local.

A River Arts fornece uma grande quantidade de programas de artes visuais e plásticas. Ela organiza semanalmente *workshops* de arte para crianças e adultos, concertos e festivais patrocinados, administra uma galeria e hospeda um artista residente. Durante o período de um ano, a organização atende de quatrocentas a quinhentas pessoas por meio de seus *workshops*. E atende outras duzentas crianças em seu acampamento de verão.

Pelos padrões tradicionais, a River Arts é uma organização pequena, com um orçamento anual de menos de 200 mil dólares e uma equipe de três pessoas. Mas essas são as medidas erradas a serem usadas. Na verdade, ela é uma enorme rede de pessoas e organizações que está trazendo artes plásticas e visuais para uma parte até então desprivilegiada de Vermont – e tendo um enorme impacto na comunidade como resultado.

Em 2002, Steve Ames foi contratado como diretor programador da River Arts, o primeiro empregado da organização, e logo se tornou diretor executivo. Steve vê a organização mais como um centro comunitário que se foca nas artes do que uma organização de arte. Ele acredita que a melhor maneira para a organização engajar outras pessoas é seguir o que elas querem fazer em vez de prescrever que tipo de arte deve ser apreciada e como deve ser essa apreciação.[17]

Steve também acredita ardentemente e pratica a simplicidade organizacional. Ele diz: "Se nós pudermos simplificar, poderemos fazer mais atividades com o nosso tempo que sejam relacionadas à nossa missão. Se pudermos tornar a folha de pagamentos, as promoções, o aluguel, as comunicações etc., mais simples, então poderemos fazer mais programas... e poderemos resolver os problemas das pessoas com mais velocidade".[18]

Uma maneira pela qual a organização simplifica os seus esforços é abraçando a mídia social. Steve foi um dos primeiros a adotar o Facebook, que a River Arts usa para planejar eventos em vez de colocar anúncios caros no jornal local. Ela tem uma lista de e-mail com 1.600 pessoas e usa seu Website para se envolver em conversações, com todos os membros da equipe dividindo a responsabilidade por blogar.

Mas simplicidade é tanto uma tendência quanto um processo para a River Arts. De acordo com Steve, a organização não está tentando ser perfeita, nem está interessada em possuir cada esforço na área de arte da região. A organização vê a si própria como uma catalisadora e não uma produtora de programas e eventos.

Por exemplo, alguns anos atrás, a River Arts montou a sua grande mostra anual de artes, que consumiu uma quantidade enorme de trabalho e de fundos para ser produzida. Após alguns anos, outra organização da região começou a produzir um evento similar, e a River Arts, em vez de enxergar o recém-chegado como um convidado indesejado, decidiu desistir de seu evento.

De forma parecida, a River Arts identifica artistas talentosos e pergunta quais são suas paixões, para descobrir sobre o que gostariam de ensinar. A organização encontrou esses enérgicos e comprometidos professores que deixam os alunos todos elétricos. Ela também alavanca recursos em sua rede de trabalho que, sob outras circunstâncias, talvez não estivessem interessados em ensinar um currículo prescrito.

A River Arts reduziu seus esforços internos ao essencial. Ela usa a mídia social quando possível para se conectar e engajar as pessoas. A organização desiste de esforços que outros também poderiam fazer tão bem quanto ela ou até melhor. E segue a paixão de sua comunidade em vez de desenvolver estratégias por conta própria. No final das contas, a River Arts é uma simples e eficiente organização sem fins lucrativos conectada.

CONCLUSÃO

Simplicidade é mais do que uma equação econômica, mais do que uma tática para tempos financeiros difíceis. Ela é, simplesmente, a melhor maneira para as organizações que buscam a mudança social alcançarem mais com menos recursos financeiros.

A simplicidade requer que as organizações se desconectem da presunção de que fazer mais as torna automaticamente mais capazes de realizar suas missões. Fazer mais só significa ser mais ocupado. É preciso coragem para que organizações e pessoas parem de fazer o que sempre fizeram, e isso significa desistir dos esforços, como a River Arts fez, e deixar que alguma outra pessoa leve o crédito.

Tornando as organizações sem fins lucrativos mais simples

Significa repensar a definição de sucesso como algo diferente de um constante aumento no orçamento e na equipe. Somente então as pessoas e as organizações terão espaço para respirar, pensar e ser bem-sucedidas.

Vinte questões para simplificar sua carga de trabalho

Organizar sua carga de informação simplifica e torna mais leve sua carga de trabalho individual. De fato, sobrecarga de informação tem a ver com a maneira como você se sente em relação à informação. Se responder "sim" para mais que cinco dessas questões, é hora de fazer algumas mudanças.

- Abrir um e-mail de um cliente faz você sentir-se ansioso em relação ao trabalho que não tem tempo para fazer?
- Você abre o seu e-mail pela manhã, antes de fazer uma lista de prioridades, e acaba se esquecendo do que queria realizar de fato naquele dia?
- Você costuma esquecer-se das informações de que precisa?
- Você deseja que a Web e a mídia social simplesmente desapareçam?
- Você tem mensagens de e-mail guardadas em sua caixa de entrada por mais de seis meses, pendentes para ações futuras ou não lidas?
- Às vezes você gostaria de poder ler e digitar mais rápido?
- Você se sente frustrado diante da quantidade de informação eletrônica que precisa processar diariamente?
- Você fica diante do computador por mais de uma hora sem se levantar, sem fazer uma pausa?
- Você checa constantemente (mesmo no banheiro) o seu e-mail, Twitter ou outro serviço on-line porque teme que, caso não o faça, ficará tão defasado que nunca mais se atualizará?
- O único momento em que você está desconectado é quando dorme?
- Você costuma sentir dificuldde em se concentrar?

- Você se inscreveu em tantos blogs que não consegue lê-los e isso faz que se sinta mal?
- Você sente que precisa ler todas as informações que chegam à sua caixa de e-mail, leitor de RSS ou Twitter, palavra por palavra?
- Você está sempre buscando informação adicional na Internet ou com amigos on-line para apoiar uma decisão ou completar uma tarefa, mas nunca processa todas elas?
- Você se sente ansioso se permanece fora da Internet por muito tempo?
- Você abre múltiplas abas em seu browser e acaba se esquecendo do que ia fazer?
- Seu e-mail, documentos do Google ou disco rígido estão lotados de "pilhas virtuais" de informação ou "rascunhos" que não foram processados?
- Você tem medo de apagar e-mails ou arquivos antigos porque simplesmente pode vir a precisar deles um dia?
- Você é incapaz de localizar documentos eletrônicos, posts em blogs, mensagens de e-mail ou outras informações on-line que precisa no momento sem perder tempo brincando de "encontre o arquivo"?
- Você se distrai facilmente com recursos on-line que permitam evitar outros trabalhos pendentes?

QUESTÕES PARA REFLEXÃO

Simplicidade organizacional

- O quanto sua organização é avessa a riscos?
- Quais fatores criam complexidade nos programas de sua organização?
- Quanto da complexidade em sua organização é autoinfringida?
- Como as soluções consagradas, na verdade, aumentam a complexidade em sua organização?
- Como você percebe se está preso no modo escasso de pensamento?
- A sua organização tem dificuldade em desistir dos programas? Por quê?

- Quais são os elementos de um novo modelo de negócios que permitirá à sua organização abraçar plenamente a simplicidade radical?

Evitando a sobrecarga de informação

- Como você faz julgamentos válidos sobre informações que lhe chegam por e-mail ou leitor de RSS?
- Quão efetivos são os seus sistemas pessoais de arquivamento de informações e métodos compartilhados para a informação eletrônica? O que funciona? O que não funciona? Por quê?
- Quais são algumas das estratégias que você usa para lidar com o estresse causado pela sobrecarga de informação?
- Como você pode usar a tecnologia para evitar a sobrecarga de informação em vez de causá-la?

NOTAS

1. Joan Blades, entrevista com Allison Fine, 22/set/2009.

2. Ibid.

3. Yochai Benkler, "Complexity and Humanity", Free Souls, 20/set/2008, http://freesouls.cc/essays/06-yochai-benkler-complexity-and-humanity.html (acessado em 23/set/2009).

4. Margaret J. Wheatley, *Turning to one another: simples conversations to restore hope to the future,* Berrett-Koehler Publishers, São Francisco, Califórnia, 2002, p. 20.

5. Booz Allen Hamilton, "Victims of Success: Reducing Complexity for Nonprofits", 30/ago/2006, http://www.boozallen.com/publications/article/10980991, http://www.bozallen.com/media/file/Victims_of_Success.pdf (acessado em 23/set/2009).

6. Michele Martin, "Is the Scarcity Mentality the Biggest Barrier to Social Media in Nonprofits?", The Bamboo Project, 18/mar/2007, http://michelemartin.typepad.com/thebambooprojectblog/2007/03/killing_the_mis.html (acessado em 2/ago/2009).

7. Peter Dietz, "Competition or Collaboration?" Social Edge log, 23/jun/2009, http://www.socialedge.org/discussions/social-entrepreneurship/collaboration-versus-competition (acessado em 23/set/2009).

8. Steve Lohr, "Netflix Competitors Learn the Power of Teamwork", *The New York Times,* 27/jul/2009, http://www.nytimes.com/2009/07/28/technology/internet/28netflix.html?_t=1&scp=2&sq=netflix&st=cse (acessado em 12/ago/2009).

9. Leo Babauta, *The power of less: the fine art of limiting yourself to the essential... in business and in life,* Hyperion, Nova York, Nova York, 2008.

10. Beth Kanter, "Dancefloor and Balcony: What I Learned about Emergent Online Collaboration from Eugene Eric Kim" Beth's Blog, 25/set/2009, http://beth.typepad.com/beth_blog/2009/09/dancefloor-and-balcony-what-i-learned-abour-selforganizing-groups-on-line-from-eugene-eric-kim.html (acessado em 3/out/2009).

11. Bill Venners, "The Simplest Thing That Could Possibly Work, A Conversation with Ward Cunningham, Part V", Artima Developer, 19/jan/2004, http://www.artima.com/intv/simplest3.html (acessado em 24/set/2009).

12. Chris Brogan, "Are You a Trust Agent?" Chris Brogan's blog, 24/jun/2009, http://www.chrisbrogan.com/are-you-a-trust-agent/ (acessado em 23/ago/2009).

13. Beth Kanter, "Guest Post by David Venn: Why Organizational Simplicity is Key to Social Media Strategy Success" Beth's Blog, 9/set/2009, http://beth.typepad.com/beth_blog/2009/09/guest-post-by-david-venn-why-organizational-simplicity-is-key-to-social-media-strategy-sucess.html (acessado em 15/set/2009).

14. Paul Lamb, "Speeding Up Innovation to Slow Us Down", ComputerWorld.com, 10/jul/2009, http://www.computerworld.com/s/article/9135400/Opinion_Speeding_up_innovation_to_slow_us_down (acessado em 23/set/2009).

15. Howard Rheingold, "Attention Literacy", SF Gate, 20/abr/2009, http://www.sfgate.com/cgi-bin/blogs/rheingold/detail?entry_id=38828 (acessado em 23/mai/2009).

16. Beth Kanter, "Can Nonprofit Organizations Work More Like Clouds? How?" Beth's Blog, 15/mai/2009, http://beth.typepad.com/beth_blog/2009/05/does-your-nonfrocit-organization-work-like-a-acloud.html (acessado em 12/jun/2009).

17. Steve Ames, entrevista com Allison Fine, 15/out/2009.

18. Beth Kanter, "Guest Post by David Venn: Why Organizational Simplicity is Key to Social Media Strategy Success" Beth's Blog, 9/set/2009, http://beth.typepad.com/beth_blog/2009/09/guest-post-by-david-venn-why-organizational-simplicity-is-key-to-social-media-strategy-sucess.html (acessado em 15/set/2009).

PARTE 2

O que Fazer ao se Tornar uma Organização Sem Fins Lucrativos Conectada

Se você não acredita que pequenas coisas possam fazer uma grande diferença, você nunca dormiu em um quarto com pernilongo![*]

— Arianna Huffington

---

[*] Arianna Huffington, falando no Boot Camp da Fundação Craiglist, em 20/jun/2009. (N. T.)

Trabalhando com Multidões

capítulo
OITO

O Museu do Brooklin lançou uma exposição de fotografias em 2008, chamada "Faces em Mudança do Brooklin". Mas não era uma exposição qualquer; ao contrário, foi uma experiência para engajar o púbico como parte integral da criação da exibição. O museu chamou o experimento de "Clique! Uma Exibição com a Multidão-Curadora".

O público foi convidado a tomar parte da exibição como participante e curador. O convite do Museu do Brooklin aberto para fotógrafos teve 389 entradas enviadas para o seu Website. O público foi convidado, então, para classificar as imagens que deveriam ser incluídas no show. Para o deleite do museu, mais de 3 mil pessoas – 3.344 para ser mais exata – participaram no processo de revisão.[1]

"Clique! Uma Exibição com a Multidão-Curadora" culminou em uma exposição ao vivo no museu. Os fotógrafos foram instalados de acordo com a sua posição no *ranking*, feita pelo processo de revisão do público.

Eugenie Tsai, da Curadoria de Arte Contemporânea John e Barbara Vogelstein do Museu do Brooklin, refletiu: "O que me atingiu em cheio foi que o período médio que as pessoas olharam as imagens foi vinte e dois segundos. Existem estudos sobre visitantes de museus que mostram que, na média, a maioria das pessoas olha para um trabalho de arte por seis segundos".[2]

O Website do museu continua a fornecer oportunidades interessantes para o público ver as imagens. Por exemplo, os visualizadores podem ver como especialistas descrevem e classificam a si mesmos ou como novatos os classificam, dando perspectivas bem diferentes do que cada grupo valoriza. O museu também deixou disponíveis os dados coletados dos comentaristas para serem analisados por especialistas de arte em comunidades on-line.

"Clique! Uma Exibição com a Multidão-Curadora" conseguiu muitas coisas a um custo bastante baixo para o museu. Ela outorga o público a contribuir para a criação da exibição sem que ele sinta que um diploma em história da arte seja necessário. Ela também capacitou o museu a se enredar diretamente dentro do próprio tecido de sua comunidade, uma vez que a maioria dos comentaristas on-line é residente na localidade. Mais importante, ajudou a derrubar as paredes entre o museu enquanto instituição e seu público.

A exibição foi uma invenção de Helley Bernstein, chefe do departamento de tecnologia da informação do museu. Ela disse: "Toda a exibição é baseada na participação da comunidade, tanto no convite aberto, quanto no estágio de avaliação, então os conteúdos da exibição dependem inteiramente da comunidade. Nós estamos apenas fornecendo o local, o mecanismo para que ela possa funcionar".[3]

Shelley e seus colegas basearam a exibição nos conceitos articulados por Jeff Howe em seu livro *Crowdsourcing: why the power of the crowd is driving the future of business.*[*] **Crowdsourcing** é o processo de organizar muitas pessoas para participarem de um projeto conjunto, em geral com participações pequenas. Os resultados são maiores do que um indivíduo ou uma organização poderiam alcançar sozinhos.

É claro, atividades coletivas não são novidade para a mídia social. Por exemplo, em um frio dia de dezembro de 1900, a Sociedade Audubon organizou a primeira Contagem de Pássaros do Natal, para catalogar todas as aves do Hemisfério Ocidental. Mas utilizar a mídia social permitiu que a Sociedade aumentasse essa atividade com menos esforço e custo menor. Um século após seu início, mais de 52 mil pessoas em 1.823 lugares ao longo de dezessete países participaram da Contagem de Pássaros do Natal. Elas recebem as instruções por e-mail e colocam seus dados diretamente no Website da Sociedade Audubon.

Usar a mídia social para construir e fortalecer multidões e espalhar o trabalho de organizações é uma das mais poderosas razões para trabalhar como uma

---

* Crowdsourcing: por que o poder da multidão está dirigindo o futuro dos negócios. (N. T.)

organização sem fins lucrativos conectada. Amanda Rose, uma das arquitetas do esforço para levantar verbas em todo o mundo, ao qual se deu o nome de Twestival, explica: "Em alguns casos isso pode significar mais trabalho... mas não poderíamos absolutamente tê-lo feito sozinhos. As multidões são poderosas. Mas você tem de saber como usá-las de forma eficiente; do contrário, isso pode significar definitivamente mais trabalho para gerenciá-las".[4]

Este capítulo descreverá as diferentes atividades pelas quais as multidões podem se responsabilizar, explicará como dividir os esforços em pequenas fatias do bolo e discutirá como engajar as multidões em um processo interativo de planejamento e implementação que nós chamamos de microplanejar.

OS TIPOS DIFERENTES DE CROWDSOURCING

As multidões vêm em todos os diferentes tipos de formas e tamanhos. Não existe uma maneira correta para se utilizar crowdsourcing; na verdade, as organizações podem utilizar uma combinação de esforços de crowdsourcing para suprir suas necessidades. Ferramentas de mídia social para capturar o trabalho de multidões incluem wikis e outros grupos de espaços de trabalho como os do Google ou Yahoo!. Websites com sistemas de classificação são úteis para votos e, claro, blogs podem fornecer atualizações e reflexões sobre os esforços de crowdsourcing enquanto eles se desenrolam.

Crowdsourcing pode ser classificado em quatro categorias, cada qual com uma meta específica.

Inteligência coletiva ou sabedoria da multidão

Um grupo de indivíduos tem mais conhecimento para resolver um problema do que um único indivíduo. A inteligência coletiva cria uma "nuvem" de informação que muitas pessoas podem distribuir para uso. A Contagem de Pássaros do Natal da Sociedade Audubon é um exemplo de inteligência coletiva. Alguns dados também podem ser "mashed up"* ou ficarem disponíveis para diversas utilidades. Everyblock Chicago é um Website com dados mash-up. Os usuários

---

* Mash-ups: sites ou aplicativos que utilizam conteúdo de mais de uma fonte para criar um novo serviço completo. (N. T.)

podem organizar e usar os dados por batidas policiais, vizinhança, departamento, código postal, data ou tipo de crime para seus próprios propósitos.

Criação por multidões

Multidões podem criar trabalhos originais de conhecimento e arte. A Royal Opera usou o Twitter para montar uma nova ópera no verão de 2009 a partir do crowdsource. A companhia de ópera encorajou os usuários do Twitter a enviar sugestões para o roteiro ao endereço dos organizadores no Twitter. A equipe da ópera juntava as sugestões e as resumia em seu blog. O diretor do musical também blogou sobre o surgimento não linear do roteiro e como ele poderia ser juntado à música original de Helen Porter. A companhia apresentou a ópera em setembro de 2009, como parte de um festival de três dias patrocinado pela Deloitte, para celebrar a inovação nas artes.[5]

A ópera não é a única forma de arte que fez experiências com crowdsourcing. A Twitter Community Coreography é uma experiência contínua da Dance Theater Workshop. Toda semana ela solicita aos seguidores no Twitter que contribuam com um movimento. A companhia então desempenha aquele movimento e posta um vídeo no YouTube.

Votos por multidões

As multidões adoram votar em suas coisas favoritas, como ideias, obras de arte, ensaios e pessoas. A Internet proporciona a votação, fazendo que os votos sejam fáceis de serem vistos e compartilhados, e os resultados, instantâneos. As organizações podem fazer exames sobre o temperamento da multidão e ver do que ela gosta e do que não gosta. O NetSquared, um evento anual da TechSoup Global Sponsors, pede que sua multidão faça votações on-line para as melhores aplicações da mídia social destinadas à mudança social. Os vencedores recebem um prêmio em dinheiro e outros recursos.

Fundos por multidões

Esta categoria bate a carteira do coletivo, encorajando os grupos a levantar fundos para um esforço que beneficiará muitas pessoas. Contribuições podem ser uma doação ou uma aquisição, mas sem expectativas de que o fundo será reembolsado. A ideia é alavancar os fundos da multidão para completar um projeto que ela apoie. Por exemplo, o Website www.Spot.Us levanta dinheiro do público para pagar jornalistas que trabalham em suas histórias investigativas.

Ao utilizar esses tipos de técnicas de crowdsourcing, grupos de pessoas podem trabalhar como uma orquestra (e no caso da Royal Opera é mesmo uma orquestra!) na direção de um objetivo em comum. Mas um crowdsourcing bem--sucedido não acontece por si só. A inflexão entre o enorme suprimento de pessoas disposto a ajudar e as necessidades reais da organização precisa ser cuidadosa e estrategicamente traçado. As organizações precisam descobrir como quebrar todo o seu trabalho em pequenos pedaços para que a multidão tenha sucesso e para que ela própria possa, então, se beneficiar dele.

FAZENDO PROJETOS EM PEQUENOS PEDAÇOS

Trabalhar com multidões requer alguma prática para a maioria das organizações, mas Katya Andresen escreveu: "... pequenos passos são mais prováveis de acrescentar algo à grande mudança do que chamadas ambiciosas para a ação".[6] É responsabilidade das organizações garantir que os pequenos pedaços com os quais as multidões se engajam caíbam dentro do mosaico maior e estratégico, para que ocorra a mudança. De outra forma, elas correm o risco de *eslativismo*.

De acordo com o Urban Dictionary [www.urbandictionary.com], *eslativismo* é "o ato de participar em atividades obviamente sem sentido como um expediente alternativo para estar realmente despendendo esforços para resolver um problema". Desenvolver estratégias claras para trabalhar com multidões não é apenas a melhor rota para resolver problemas, mas também honra o trabalho delas e as impede de gastar tempo em trabalhos inúteis.

As organizações precisam perguntar e responder três questões quando estiverem se preparando para trabalhar com multidões:

O que a multidão deve fazer?

As organizações precisam pensar com clareza o que elas querem que as multidões façam antes de iniciar um esforço. Em um dilema remanescente da Goldilocks, se as tarefas forem muito globais elas parecerão muito magnânimas e as pessoas não participarão. Mas se as tarefas forem muito segmentadas, também não irão interessar ao grupo. Isso irá requerer experimentação e muita informação coletada pela rede da organização para identificar maneiras de organizar o trabalho em pedaços interessantes, modulares e factíveis.

Quem precisa ser incluído nesta multidão?

Não é qualquer multidão que serve para todos os esforços. É importante se conectar com a multidão *certa*. Uma organização precisa decidir se precisa de alguma especialidade particular para determinado projeto ou se entusiasmo e interesse já são suficientes. Identificar pessoas com habilidades particulares é o que excelentes promotores de redes fazem como parte de seu trabalho diário. Os promotores podem ajudar a recrutar participantes ao explicar quais habilidades e conhecimentos são necessários e por que o projeto é importante. Tenha em mente que mirar em tipos específicos de especialistas não exclui os outros de participarem.

O que faremos com as informações da multidão?

As organizações cometem dois erros comuns quando trabalham com multidões. O primeiro é não serem francas sobre o que farão com as informações que receberem da multidão. O que acontece com as proposições que são colocadas dentro da caixa de sugestões on-line? Um comitê internacional irá lê-las e escolher quais deverão ser aceitas? Elas serão revistas pelo CEO e não necessariamente aplicadas, mas usadas para dar um contexto no qual a organização trabalhará? Para evitar isso, as organizações têm de decidir exatamente como usarão as informações, os conselhos, os dados e as especialidades recebidas, e então comunicar isso com clareza.

O segundo erro que as organizações cometem é presumir que têm de aceitar tudo o que a multidão fala, sem questionar ou discordar. Quando as organizações assumem que seu papel é recostar e deixar as multidões trabalharem em paz, é fácil acabar se ressentindo ou ignorando os resultados. Quando as organizações valorizam a informação e participam dos esforços junto às multidões de maneira aberta e honesta – duas pedras angulares da transparência –, elas podem discordar da direção que a multidão está tomando, sem usurpar ou diluir seus esforços. Os participantes se sentirão como verdadeiros parceiros quando as organizações os tratarem como adultos e não como enfeites. Multidões não se importam com discordância, mas não toleram enganação.

Uma vez que as organizações decidam essas questões sobre a sua crowdsourcing (talvez com a ajuda de gente de fora), começa a implantação do processo que chamamos de microplanejamento.

MICROPLANEJAMENTO COM MULTIDÕES

Quando fortalezas planejam campanhas com processos caros, fechados e que consomem tempo, os resultados em geral dão sensação de risco e incômodo. Para evitar o risco, essas organizações gastam ainda mais energia tentando mitigá-lo. Essa forma paralisada e terrível de trabalho distancia as organizações de suas comunidades, reduzindo as chances de sucesso e prendendo-as em um círculo vicioso.

Clay Shirky, autor de *Aí vem todo mundo,* disse: "Nós gastamos tanto tempo tentando deixar algo perfeito em vez de simplesmente tentar fazer alguma coisa". Microplanejar dá uma alternativa para as organizações saírem do custo opressivo e do risco associado às grandes campanhas. Trata-se de um processo iterativo de pequenos experimentos que permite às organizações os mudarem, escalonarem ou rascunharem com facilidade, velocidade e sem custo.

Microplanejar tem diversos benefícios, como:

- Criar um estoque de esforços mais rápido, que inclui grande número de pessoas para o desdobramento de um processo de implementação.
- Desobrigar as organizações da necessidade de ter todas as respostas antes mesmo de começar.
- Reduzir o risco ao se focar em explosões de atividades curtas e estratégicas que possam ser alteradas em tempo real e escalonadas sem gastos financeiros gigantes.

Microplanejar se aplica particularmente a programas, comunicações, marketing e levantamento de fundos. Isto bate de frente com a noção popular de que

Trabalhando com multidões **143**

campanhas feitas por organizações sem fins lucrativos têm de ser completamente organizadas antes do envolvimento de pessoas de fora. Em vez de confiar em grandes e caras campanhas, que passam por exaustivos e desgastantes ciclos de crescimento, as organizações podem avançar devagar em seu caminho, reduzindo os riscos de forma significativa e poupando energia.

Envolver-se com microplanejamento não é a mesma coisa que não planejar. As organizações ainda precisam de ferramentas de planejamento como modelos relacionais e teorias de mudança, para identificar metas e resultados. Mas microplanejar as capacita a começar de forma mais fácil, deixando os planos abertos para que as multidões possam ajudar a moldá-los ao longo do tempo.

Pode parecer incongruente que uma organização precise desenvolver metas claras e, ao mesmo tempo, se abra para a sabedoria e o direcionamento das multidões. Mas metas claras e resultados oferecem à comunidade uma estrutura para que desenvolvam seu trabalho enquanto processos e atividades específicas são modelados. E a participação das multidões capacita uma organização a espalhar a responsabilidade e aumentar seu estoque público de esforços.

Microplanejar é, filosoficamente, similar a outro processo participativo que pontuou a paisagem do Terceiro Setor durante anos. Programas de Planejamento Participativo e esforços de avaliação são formas populares de incorporar mais vozes dentro do programa e dos planos de avaliação. Os esforços de desenvolvimento comunitário com frequência incluíam marcar reuniões para extrair input dos segmentos maiores da comunidade. O microplanejamento se constrói sobre esses conceitos e adiciona o poder da mídia social; portanto, se prolonga de forma barata e aprofunda a participação ao longo de grandes períodos.

O microplanejamento pode causar desconforto à equipe que sente ter uma metodologia testada e aprovada para implantar um trabalho. Afinal, as organizações em geral contratam funcionários por conta de sua experiência, o que significa que eles têm uma boa ideia de qual estratégia funciona para cada tipo de projeto. Entretanto, em vez de colocar esse conhecimento em um silo, a equipe deveria abri-lo para sugestões sobre como torná-lo ainda melhor.

Microplanejar pode ajudar a desenvolver novos serviços ou refinar os antigos. Pode estreitar esforços de defesa ou decidir se deveria mesmo haver algum. As multidões podem ajudar a desenvolver novas ideias para levantar fundos, buscar recursos que possam ser doados, anunciar o evento e se conectar com fantásticos palestrantes. Não importam quais sejam os detalhes, a conversação acerca de um evento ou programa se desvela com o tempo, tornando-se parte do esforço em si.

O INSTITUTO HUDSON
– APRENDER A MICROPLANEJAR

O Centro para a Prosperidade Global do Instituto Hudson levanta a consciência do papel central do setor privado em criar crescimento econômico e prosperidade por todo o mundo. O produto central do Centro é o Índice de Transferências e Filantropia Global anual, que detalha as fontes e a magnitude das doações privadas para o mundo em desenvolvimento. A organização baseava o Índice em técnicas de pesquisa tradicionais como revisões literárias, entrevistas e pesquisas.

Durante o verão de 2008, Carol Adelman, diretora do Centro, começou uma conversação junto a um pequeno grupo de colegas pesquisadores, estagiários, gerentes do projeto e pesquisadores seniores, para explorar maneiras pelas quais o Centro poderia integrar a mídia social em seu trabalho. O grupo pensou primeiro em criar uma página no Facebook para distribuir o Índice. Mas com a ajuda de um consultor de fora, perceberam que provavelmente não daria certo montar uma página no Facebook para impulsionar o Índice antes de construir relacionamentos on-line.

Essas discussões também criaram uma oportunidade para que o Centro se libertasse da noção de que ele só poderia se voltar para fontes tradicionais de pesquisa para levantar dados para o Índice, particularmente relacionados a jovens e doadores. Se engajar em mais lugares on-line, com muitas pessoas em muitos lugares diferentes ajudaria a moldar iterações futuras para o Índice. Microplanejar parecia ser o melhor caminho a ser seguido.

Carol e seu grupo articularam suas metas para microplanejar o Índice. Eles incluíram:

- Identificar exemplos, histórias e tendências da filantropia global por meio de fontes como Facebook e Twitter para dar apoio à pesquisa do Centro.

- Obter um entendimento mais profundo sobre as "gerações mais novas" e suas atitudes, motivações e atividades acerca da filantropia.
- Identificar e se envolver com bloggers filantrópicos para discutir o Índice.

O grupo de Carol identificou palavras-chave e se preparou para começar a escutar os canais de mídia social, incluindo Twitter e Facebook. Mas eles rapidamente bateram em um bloqueio, quando membros mais velhos da equipe expressaram desconforto com os mais jovens irem on-line e representarem o Centro, porque achavam ser caminhos isentos de supervisão.

Em vez de desistir da ideia, a equipe do Centro usou a oportunidade para discutir seus sentimentos a respeito de abrir-se para o público on-line. Essas conversações ajudaram o Centro a mudar o seu foco para fora. Também mostrou aos membros mais velhos a urgência de sair dos monólogos de mão única para conversas de mão dupla sobre a pesquisa com pessoas que estavam além daquelas paredes.

Juntos, os membros da equipe identificaram o fluxo de trabalho que permitia aos pesquisadores seniores supervisionar e administrar com eficiência o trabalho dos mais jovens nos sites de redes sociais. E mais, trabalhar desta maneira com os jovens também ajudou a equipe sênior a se tornar mais fluente e confortável com a mídia social.

Uma vez que os membros seniores chegaram ao nível de conforto, os mais jovens, como Yulya Spantchak, uma pesquisadora e associada em comunicações, começou a escutar on-line. Yulya monitorava blogs focados em filantropia, doações globais, trabalho não lucrativo, responsabilidade social corporativa e outros tópicos relacionados que o grupo identificava. Toda semana ela resumia as notícias e os tópicos sobre os quais as pessoas no campo estavam blogando e analisava os comentários que eram feitos nos blogs. Em resumo, o Centro estabeleceu um perfil no Twitter para identificar prováveis casos para estudar, partilhar informações e conversar com as pessoas sobre o seu trabalho. A equipe do Centro também criou perfis individuais no Facebook para rastrear conversações que ocorriam em diferentes páginas de grupos e fãs relacionadas aos tópicos que ele pesquisava.

O trabalho do Centro foi mudando organicamente ao longo de seis meses. Eles foram escutando e conversando com as pessoas em muitos canais, incluindo o uso de um leitor de RSS para rastrear a Web em busca de posts relevantes em blogs e encontrar e entrevistar jovens no Facebook como parte da coleta de dados do Índice. Desenvolveram estudos de casos para o relatório anual que envolvia mais pessoas jovens, e descobriram novos canais para compartilhar os resultados com pessoas que não estavam atingindo antes. Dessa forma, o Índice tornou-se menos um produto e mais um processo de aprendizagem e envolvimento com muitas pessoas em toda a Web.

Outro subproduto do esforço de microplanejamento: a equipe do Centro desenvolveu uma apreciação maior, um nível de conforto e facilidade no uso da mídia social. Mais importante, aprendeu como integrar o trabalho de diferentes maneiras em suas rotinas diárias. Como Carol Adelman relembrou: "O ponto mais importante foi ligar o uso da mídia social com nosso fluxo de trabalho, sermos consistentes e ficarmos confortáveis".[7]

PRECAUÇÕES PARA O CROWDSOURCING

Trabalhar com as multidões não é a tábua de salvação para todos os esforços. Assim como os membros da equipe por si só não são sempre os melhores para resolver problemas, multidões também nem sempre o são. A fim de serem realistas sobre crowdsourcing, as organizações precisam estar cientes de seus possíveis lados negativos, que incluem o seguinte:

Multidões são imprevisíveis

É impossível prever quando e por que as multidões irão dar as caras. Isso pode ser frustrante, mas simplesmente é um reflexo do mundo virtual na vida real. As pessoas vêm e vão ao seu bel prazer, e não conforme as organizações querem. As organizações precisam manter o equilíbrio quando suas multidões não estão envolvidas ou preferem ficar em casa. Continue falando com sua rede, construa relacionamentos, continue a arremessar ideias e escute o que as pessoas estão dizendo. As multidões não são tímidas; quando um assunto ou tarefa as arrebata, elas estarão lá em grandes números.

Multidões podem se tornar massas raivosas

Quando raivosas, multidões podem se tornar massas e usar seu poder coletivo para punir organizações e pessoas. McNeal Consumer Care, companhia que fabrica o analgésico Motrin, esteve de frente para uma multidão irada on-line em novembro de 2008. A companhia postou o que considerava ser um vídeo simpático sobre a dor nas costas que mães sentem ao carregar seus filhos em carregadores tipo canguru – dor que o Motrin poderia reduzir. O narrador da propagando dizia que levar o bebê em um desses carregadores estava "na moda", o que algumas mulheres acharam arrogante. Mas as duas sentenças que se seguiram colocaram a massa em um frenesi: "Fora isso, ele faz com que eu me sinta oficialmente como uma mãe de verdade. Então, se eu parecer cansada ou maluca, as pessoas entenderão o motivo".

Uma regra crucial e velada da maternidade é que somente mães podem chamar a si próprias de "cansadas" e "malucas". Os outros – em particular empresas sem rosto e suas agências de publicidade – não podem se atrever. Em poucas horas, um grande número de mamães bloggers estavam gritando alto seu ultraje. O assunto rapidamente se tornou uma das grandes tendências do Twitter. E enquanto a tempestade era construída, McNeal e sua empresa de propagandas dormiam, permitindo que um final de semana inteiro se passasse sem escutar o que estava acontecendo. Na segunda-feira, um furacão on-line estava a caminho. Rapidamente a companhia retirou o anúncio e se desculpou, mas a multidão zangada já havia se expressado. As organizações sem fins lucrativos também podem organizar as próprias massas. O Peta* protestou contra o uso de pele de animais pela loja de sapatos on-line Zappos. Eles expressaram seu ultraje primeiramente pelo Twitter, enviando mais de 11 mil mensagens de protestos para a conta no Twitter da Zappos em apenas alguns dias. Rapidamente a loja promulgou uma política de nunca mais vender produtos contendo peles de animais.

Nem todas as massas são necessariamente raivosas. Usando seu Website e outros canais comunitários, a Carrotmob organiza consumidores para fazer compras de comerciantes socialmente responsáveis como recompensa por seu comprometimento para melhorar o mundo. O modelo – um incentivo para fazer compras – é o oposto do boicote.

---

*Peta: People for the Ethical Treatment of Animals (Pessoas para o tratamento ético de animais). (N. T.)

No primeiro evento da Carrotmob, uma loja de licores concordou em investir em atualizações que tornariam seu estabelecimento mais eficiente em poupar energia. Em troca, centenas de seguidores da Carrotmob apresentaram-se para dar seu suporte à loja de licores.[8]

Noventa por cento das contribuições da multidão são inúteis

Pesquisas em crowdsourcing descobriram que a grande maioria dos esforços da multidão não eram úteis, um resultado chamado Lei do Esturjão.[9] Então por que passar por todo este problema se 90% dos resultados serão terríveis? Porque qualquer processo de desenvolver ideias, conhecimento e novos produtos – seja on-line ou na terra – requer passar por erros e passos mal dados antes de conseguir alavancar. E porque o exercício de ser criativo e contribuir para algo, ainda que seja derradeiramente inútil, é crucial para criar relacionamentos com pessoas e ajudá-las a exercitar a própria criatividade e talento. E, finalmente, porque os 10% que são bons *realmente* valem a pena.

Multidões e organizações podem acabar

Diferente dos esforços tradicionais em terra, que parecem durar para sempre, as multidões on-line podem concluir seu trabalho. Uma vez que ele tenha sido feito, ou o que é mais provável, tenha minguado, não há nada de errado em relaxar o esforço. Isso está em conformidade com a noção de simplicidade organizacional. Pode até mesmo haver ocasiões em que organizações e suas multidões entrem em desacordo tal que requeira o afastamento entre o projeto e parte da multidão. Novamente, não há nada de errado com essas mudanças, contanto que a organização se mantenha fiel aos princípios de transparência e comunique aberta e frequentemente tudo o que está acontecendo e por quê.

CONCLUSÃO

Alguns críticos podem zombar do que eles acreditam ser amadores bagunçando em um território anteriormente reservado a profissionais. E as organizações ainda são responsáveis pela forma que seus esforços se desenrolam.

Trabalhando com multidões **149**

Mas na melhor das hipóteses, crowdsourcing é um casamento entre profissionais e voluntários que têm boa vontade e paixão para trabalharem juntos em prol de uma comunidade inteira. Alavancar multidões é uma maneira importante e barata de aliviar o peso opressivo que muitos funcionários sentem sobre seus ombros. E, através do microplanejamento, as organizações podem reduzir o risco e o medo que os processos de planejamento tradicional criam, e capacitar mais pessoas a tomarem parte de formas mais significativas da mudança social.

O Tweet mágico: análise da crowdsourcing da ópera

A Royal Opera anunciou suas intenções de trabalhar com sua multidão no Twitter para criar o roteiro de uma nova ópera, 140 personagens de uma vez. Eles disseram para seu público que estavam explorando de que formas pequenas contribuições para 140 personagens poderiam ser construídas umas sobre as outras para criar uma narrativa não linear – algo como uma história "Escolha a Sua Própria Aventura" ou um Jogo de Consequências.

A companhia deu um breve contexto sobre a história e então encorajou seus seguidores no Twitter a enviar versos para a ópera. Enquanto isso, o diretor da ópera blogava regularmente com atualizações sobre a história e oferecia suas ideias sobre como a história poderia combinar com a música, a atuação e com o canto para se tornar uma obra bem-acabada.

A Royal Opera encorajou as pessoas a contribuírem, mas não usou necessariamente todos os versos que recebeu. Ela foi cuidadosa em reconhecer a contribuição de cada pessoa.

Quando a ópera estava completa, eles noticiaram e compartilharam o produto final.

Não surpreendentemente, a ópera esgotou os ingressos.

Nota: As figuras 8.1 a 8.5 mostram algumas das comunicações do Twitter durante este processo.

(continua)

**Figura 8.1
A Royal Opera House convida as pessoas a participarem**

twitter

@Ikviakninoff add your line of the story by tweeting to #youropera and see the latest story by searching youropera. Updating the blog now.
3:57 AM Aug 18th from web in reply to Ikviakninoff

 youropera
DeloitteIgniteOpera

**Figura 8.2
A Royal Opera House continua a encorajar
o público a twitar versos de ópera**

twitter

Last day of the opera proper today. Can you tweet the last line? Then pls can ppl craft pithy 1-act encore pieces so we end w/a song&dance!
10:44 AM Aug 25th from web

 youropera
DeloitteIgniteOpera

(continua)

**Figura 8.3
A Royal Opera House reconhece todas as contribuições mesmo se não forem usadas**

@MiniVanDents even if your tweets didn't make it in word for word, you helped make the first part of the story - who knows where it will go!

4:15 AM Sep 5th from Tweetie in reply to MiniVanDents

youropera
DeloitteIgniteOpera

**Figura 8.4
A Royal Opera House compartilha o progresso dos ensaios**

Just seen the amazing first #youropera rehearsal. Much behind-the-scenes work from the fabulous creative team. Sneak preview coming soon!

12:55 PM Sep 2nd from web

youropera
DeloitteIgniteOpera

(continua)

**Figura 8.5
A Royal Opera House esgota os ingressos da ópera**

And it's a full house! #youropera
http://yfrog.com/588d7gj
11:15 AM Sep 5th from Tweetie

youropera
DeloitteIgniteOpera

Crowdsourcing – Faça e Não faça

Faça

- Tenha um objetivo claro e a métrica do começo ao fim, mas tente evitar excesso de produção e planejamento em suas estratégias.
- Deixe espaço para ajustar o seu conteúdo ou mensagem com base no que escutar.
- Tenha reuniões mais curtas e frequentes para tomar decisões em tempo real enquanto implanta a estratégia.
- Documente os seus resultados ao longo do caminho (quantitativo e qualitativo) e deixe algum tempo para reflexão.
- Tenha fé na sua rede ou comunidade – eles irão responder se você tiver construído o relacionamento da maneira certa.
- Recompense as pessoas publicamente pela participação e *feedback*.

(continua)

- Esteja preparado – nem toda contribuição será incrível ou de alta qualidade, mas com cuidadoso auxílio no desenvolvimento você poderá manter todo mundo engajado.

Não faça

- Evite pensar que você deve pesquisar mais para tomar decisões. Adote uma atitude do tipo "tente e conserte".
- Não tenha a expectativa de acertar da primeira vez ou até mesmo da segunda. Cometer erros e falhar faz parte do processo, e você deve aprender com isso.
- Multidões não podem ser treinadas como golfinhos, mas elas podem ser guiadas.
- Não estruture ou elucubre as tarefas em demasia. Tenha fé na multidão.

QUESTÕES PARA REFLEXÃO

- O que você quer alcançar com crowdsourcing? Qual é sua meta?
- Qual modelo de crowdsourcing irá ajudá-lo a atingir sua meta?
- Quem irá guiar a multidão? Gerenciar multidões não é um trabalho em tempo integral, mas ele pode precisar de atenção integral durante determinados períodos. As habilidades necessárias são escutar, resumir e saber nadar por entre dados não estruturados.
- Qual multidão você quer atingir? Como você a convidará para participar?
- Você precisa de incentivos para participar?
- Você sabe o que irá manter a multidão motivada?

NOTAS

1. Informação disponível em http://brooklymuseum.org/exhibitions/click/quick_facts.php (acessado em 22/ago/2009).

2. Informação disponível em http://brooklymuseum.org/exhibitions/click/podcast.php (acessado em 22/ago/2009).

3. Beth Kanter, "Arts 2.0: Brooklyn Museum Click Exhibit Results: It's Not a Contest, It's a Study in the Curation of the Crowds" Beth's Blog, 26/jun/2009, http://beth.typepad.com/beth_blog/2009/06/arts-20-brooklyn.html (acessado em 21/ago/2009).

4. Amanda Rose, comunicação privada de e-mail com Beth Kanter, 21/jul/2009.

5. Beth Kanter, "The Magic Tweet: Crowdsourcing Opera Analysis" Beth's Blog, 13/ago/2009, http://beth.typepad.com/beth_blog/2009/08/the-magic-tweet-crowdsourcing-an-opera-on-twitter.html (acessado em 14/set/2009).

6. Katya Andresen, *Robin Hood marketing: stealing corporate savvy to sell just causes,* São Francisco, Califórnia, Jossey-Bass/John Wiley & Sons, 2006, p. 27.

7. Carol Adelman, comunicação privada de e-mail com Beth Kanter, 2/jun/2009.

8. Carrot Mob Website, http://carrotmob.org/about/ (acessado em 3/out/2009).

9. Wikipedia, Sturgeon's Law, http://en.wikipedia.org/wiki/Sturgeon%27s_law (acessado em 23/out/2009).

Aprender as Sequências

capítulo
NOVE

As imagens eram ameaçadoras e insensíveis. A repetição na televisão e os vídeos no YouTube deixavam as pessoas doentes e ultrajadas em todo o mundo. Blogs e jornais se iluminavam com reações.

As imagens mostravam cães da raça Pit Bull treinados para lutarem cruelmente uns contra os outros por esporte, com os perdedores sendo frequentemente afogados ou eletrocutados. Por si só, uma história de rinha de cachorros não atrairia tanta atenção, mas esta era uma grande notícia, porque Michael Vick, zagueiro da Liga Nacional de Futebol Americano, tinha financiado e incentivado a operação.

Entra a Sociedade Humana dos Estados Unidos fundada em 1954 para celebrar os animais e protegê-los da crueldade. Se a história de Michael Vick tivesse ocorrido em 1977 em vez de 2007, a organização provavelmente teria respondido com um comunicado para a imprensa condenando-o, e também seus seguidores, e encaminhado uma carta para levantar fundos na forma de mala-direta, pedindo aos patrocinadores que doassem 10, 15 ou 25 dólares para apoiar a causa da Sociedade Humana. Mas isso teria sido no passado, antes dos bloggers e tweeters, Facebook e YouTube – antes que milhões de pessoas tivessem seus próprios meios de compartilhar pensamentos e ultrajes com o mundo.

A história de Vick naturalmente era de grande interesse para a Sociedade Humana. Carie Lewis, a diretora de mídias emergentes da organização, já estava rastreando o que as pessoas estavam dizendo sobre o escândalo em canais como o Facebook, MySpace e blogs. Carie não era novata nesses espaços; ela e seus colegas haviam lançado e reiterado uma série de experimentos em múltiplos canais de mídia social como o MySpace onde já tinham mais de 17 mil amigos.

157

Mas então Carie achou algo inesperado no YouTube. Amantes de animais estavam postando os seus próprios vídeos denunciando Michael Vick e as rinhas de cachorros. Carie decidiu que a Sociedade Humana precisava seguir a liderança dessas pessoas.

Como resultado, a Sociedade Humana lançou o concurso no YouTube "Nocauteie as rinhas com animais" apenas algumas semanas após a história de Vick irromper. Qualquer um que se sentisse ultrajado pela história foi convidado a postar o seu próprio vídeo sobre como eles se sentiam quanto a rinhas de cachorros. Eles então poderiam fazer um upload desses vídeos para o Website da Sociedade Humana e para o canal dela no YouTube. O público podia assistir e votar nos vídeos.

O público assistiu aos 22 vídeos que foram submetidos centenas de milhares de vezes. O vídeo vencedor (Figura 9.1) foi visto sozinho mais de 115 mil vezes. Isso demonstra a regra 1:10:100 do conteúdo gerado pelo usuário – que, a cada uma pessoa que cria conteúdo, dez compartilham e cem visualizam.[1]

Por fim, a multidão escolheu o vídeo vencedor e a organização escolheu outro e o transformou em um anúncio de serviço público. Entretanto, o concurso foi mais do que uma catarse em grupo. Carie e seus colegas encorajaram cada pessoa que visualizava, cada blogger, cada membro da Sociedade Humana a falar com seus amigos para voltarem a sua raiva e energia para algo positivo. Eles queriam que as pessoas que amam cachorros advogassem uma legislação que proibisse as rinhas em nível estadual. Esse tipo de advocacia foi a derradeira medida do sucesso para os esforços deles.

Carie usou um processo que nós chamamos de **aprendizado das sequências** para monitorar e analisar o concurso de vídeo enquanto ele se desenrolava (Figura 9.2). Ela analisou quais tópicos ganharam mais força para discussão, quais pessoas de sua rede responderam a mensagens ou atividades em particular e quais influenciadores poderiam se engajar no contexto e além. Ela também analisou o conteúdo dos comentários no YouTube e reconheceu os padrões dos sentimentos das pessoas em relação ao concurso, às rinhas de cachorros e à Sociedade Humana.

Figura 9.1
O vídeo vencedor da Sociedade Humana: *Ms. Paisley Sky*

Fonte: Reimpresso com a permissão de The Humane Society, dos Estados Unidos.

Aprender as sequências **159**

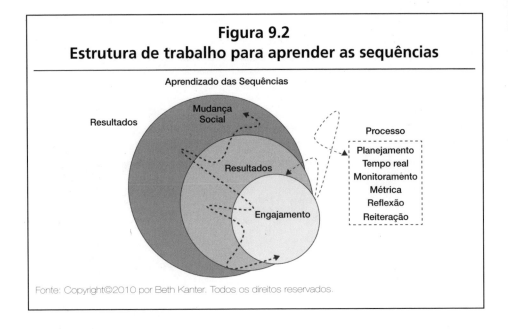

Figura 9.2
Estrutura de trabalho para aprender as sequências

Fonte: Copyright©2010 por Beth Kanter. Todos os direitos reservados.

Entretanto, aprender as sequências é mais do que rastrear e monitorar resultados em tempo real. Ele também incorpora um processo de reflexão no final de um projeto. Carie explica: "Nossa inquirição ao final do projeto respondeu a uma questão: Valeu a pena? Isso nos ajudou a aprender como melhorar nossa estratégia para o próximo experimento ou projeto".[2]

De acordo com Carie, o concurso de vídeo valeu a pena ser feito porque a Sociedade Humana aprendeu que:

- Eram necessárias maneiras pelas quais os apoiadores poderiam participar adicionalmente dos concursos de vídeo para produzir os filmes. Isso incluía votar e comentar.
- O número de vídeos postados é apenas uma medição para engajar as pessoas por meio de concursos desse tipo. Medidas adicionais incluem o número de pessoas que discutem o conteúdo on-line, visualizações de páginas e outras métricas.
- Usar a lista de e-mail da organização, que cresceu em mais de 3 mil nomes como resultado do concurso, envolveu mais pessoas, como eleitores e comentaristas dos vídeos.

- Monitorar um concurso ou evento sensível ao tempo usando palavras--chave relevantes e analisando comentários e links à medida que eles apareciam é crucial para fazer ajustes em tempo real.

- Ir aonde o conteúdo do vídeo estava sendo desenvolvido, ou seja, o YouTube, tornou a campanha deles mais fácil de ser encontrada. Isso também aumentou o resultado de buscas no Google.

- O conteúdo original grátis criado para o concurso pode continuar a viver on-line e na grande mídia por meio do serviço público de anúncios.

- Postar os vencedores no Website da Sociedade Humana aumentou o tráfego lá.

- O concurso ajudou a organização a construir relacionamentos com bloggers influentes. A organização continuou a desenvolver esses relacionamentos ao longo do tempo para esforços futuros.

O sucesso do concurso do vídeo de Michael Vick foi possível porque a Sociedade Humana vem usando o aprendizado de sequências, projeto após projeto, ao longo dos últimos anos. Esse sucesso então foi recompensado para informar e guiar a iteração seguinte de projetos e experiências.

Antes de começar uma discussão mais completa sobre o aprendizado das sequências, é importante deixar claro duas possíveis más interpretações que elas tenham. Primeiro, nós não estamos sugerindo que as organizações mudem as suas estratégias minuto após minuto com base no que elas escutaram e aprenderam. As organizações precisam ser intencionais em relação aos seus esforços e permitir que eles se desenvolvam com o tempo. Dito isto, melhorias em tempo real podem ser feitas para um esforço sem afetar intenções de longo prazo. A Sociedade Humana fez isso quando adicionou um componente de serviço público de anúncios para o seu concurso de vídeos que já havia começado.

Segundo, nós gostaríamos de dispensar a presunção de que um aprendizado mais rápido e flexível ocorra em um vácuo. O aprendizado das sequências está atado à implantação de uma organização em terra e a medição de seus esforços. O aprendizado das sequências se foca em medir o uso da mídia social de uma organização. Ele não substitui outras avaliações e estimativas; em vez disso, é mais uma técnica na caixa de ferramentas do aprendizado organizacional.

Neste capítulo, dissecaremos as diferentes partes do aprendizado das sequências que incluem planejamento, monitoramento em tempo real e medição do comprometimento. Nós também iremos esboçar o processo de reflexão que as organizações que tenham aprendizado de sequências bem-sucedidos usam regularmente, assim como passos para entender o retorno financeiro para as organizações de seus investimentos em mídia social e também o impacto social gerado.

PLANEJANDO O APRENDIZADO DAS SEQUÊNCIAS

É imperativo que as organizações considerem cuidadosamente as metas e os objetivos de aprendizado para o uso da mídia social antes de iniciarem um projeto. Alexandra Samuel, uma consultora de mídia social para organizações sem fins lucrativos, previne sobre erros comuns: "O grande risco da mídia social é a "analitofilia". É a obsessão por números brutos e a constante checagem do seu *status* sem ter uma ideia clara do que realmente se está buscando".[3] De fato, dados são relativamente fáceis de serem coletados on-line, o que aumenta o risco de reunir quantidades enormes de informações inúteis.

Então primeiro as organizações precisam pensar no que elas querem aprender. Podem começar por:

Escolher um objeto específico

Um desafio em utilizar a mídia social estrategicamente é resistir à inclinação de tentar atingir o mundo inteiro através da Web. Identifique um público-alvo específico para qualquer empenho feito. Nós discutimos muitos exemplos de quando algo se torna viral e muitas pessoas são atraídas para uma causa e movidas a compartilharem informação ou a clicarem para dar seu suporte a uma organização. Mas esses empenhos começaram como conversações com grupos pequenos e seletos de pessoas. As organizações precisam concentrar atenção em quem se importa mais com aquele empenho em particular. Quem tem as habilidades ou especialidades de que nós mais precisamos? Quem tem a maior influência nessa rede?

Criar experiências com baixo custo e risco

Usar mídia social permite a criação de experimentos pequenos e baratos, conforme discutido no capítulo anterior sobre microplanejamento. O experimento pode ser algo tão simples quanto permitir que uma pessoa da equipe utilize o Twitter durante trinta minutos por dia para se comunicar com outros jornalistas ou usuários da ferramenta. Ou pode ser facilitar uma conversação no Facebook para gerar o crowdsourcing de uma nova tentativa de levantar fundos.

Articular questões-chave de aprendizado

As organizações devem articular algumas questões sobre as quais elas querem aprender no tocante ao uso de mídia social, conforme a experiência se desenrola. Foque essas questões nos resultados imediatos de seus esforços, quem está fazendo o que usando mídia social, e então encontre métricas relevantes para rastrear. Por exemplo, se o experimento se foca em uma passagem pelo Twitter, as questões poderiam incluir se o número de seguidores está aumentando e quais assuntos e tópicos essa comunidade pensa ser particularmente interessante. As métricas podem incluir o número de seguidores obtidos, o número de mensagens enviadas no Twitter (ou retwitadas, na língua do Twitter) ou o número de cliques em um link no blog ou Website da organização. Ferramentas grátis que podem auxiliar essa análise incluem, mas não se limitam a, Twitalyzer, Bit.ly e TweetEffect.

Tendo considerado esses assuntos, uma organização está agora pronta para começar a medir como a mídia social está funcionando para um esforço em particular.

MEDINDO ENGAJAMENTOS E CONEXÕES

Como vimos discutindo ao longo deste livro, conectar-se com pessoas é o primeiro passo no processo de se engajar e construir conexões com elas. Os últimos estágios terminam por produzir ações em prol da mudança social.

No mundo físico, era difícil traçar como as pessoas criavam e sustentavam relacionamentos. Contudo, no mundo digital, as organizações podem seguir a trilha de conversações e ações por toda a Web e entender melhor como estimular, ampliar e aprofundá-las.

Um veículo particularmente importante para fortalecer conexões entre pessoas e organizações são os blogs. Organizações com blog têm múltiplas opções para medir se e como está se engajando e se relacionando com seus leitores. Isso inclui:

Número de inscritos

Há dois tipos diferentes de leitores de blogs: assinantes e visitantes. Os assinantes estabeleceram um comprometimento para receber regularmente – e, espera-se, ler ou ao menos examinar – um blog. Aumentar o número de assinantes é crítico para o crescimento de um público de pessoas que se importam com o blog. Também é importante descobrir por que os leitores cancelam sua assinatura com o blog. Se a organização tem o endereço de e-mail dessas pessoas, deve enviar uma mensagem com uma minipesquisa, perguntando por que a pessoa decidiu cancelar sua inscrição. A organização pode aprender que os tópicos do blog, agenda ou até mesmo a forma que é escrito, foram fatores-chave para a decisão do leitor.

Tendências mensais

Rever tendências mensais sobre quais posts são lidos e comentados irá ajudar os escritores do blog a entender como se conectar melhor e se engajar com os leitores. Tendências mensais incluem o número de leitores, é claro, mas também a análise de palavras-chave sobre quais tópicos foram de interesse particular para os leitores e para outros bloggers.

Métricas de envolvimento

Muitas ferramentas grátis disponíveis on-line existem para medir o tipo e a profundidade do engajamento. Um Website, PostRank, ranqueia o envolvimento de posts em blogs com um número de um a dez. Ele baseia os pontos nos cinco "Cs" do envolvimento: criação, crítica, chat, coletar e clicar. As organizações devem examinar quais tópicos e estilos dirigem os posts que marcam mais pontos. Esses tópicos são maiores e mais profundos, ou mais curtos e focados?

Eles incluem informação de muitos recursos exteriores? O tom do discurso é formal ou informal? Eles incluem dicas? Qual é a qualidade da conversação na seção de comentários? O que você aprendeu da conversação que foi iniciada pelos seus leitores? Se você tem um grupo de blogs, existem diferenças entre os autores? Por quê? Alguma coisa o surpreendeu? Em suma, comparar os posts que marcaram mais pontos com os que marcaram menos pode se mostrar algo elucidador e ajudar a melhorar a qualidade do blog.

Adicionar aos favoritos

Usando uma ferramenta como o Delicious, bloggers podem descobrir se os leitores estão adicionando as páginas do blog aos seus favoritos para leituras futuras. É importante saber isso porque o conteúdo do blog adicionado aos favoritos em sites de redes sociais tende a atrair leitores adicionais. Novamente, o blogger deve avaliar os tópicos e estilos dos posts que foram mais adicionados para ver o que funciona.

Comentários

São a medida mais óbvia e poderosa para o engajamento do leitor. A média comum é que um blog terá um comentador para cada cem leitores. Pessoas que postam comentários são indivíduos altamente motivados que tendem a concordar ou discordar fortemente do post. Cada comentário é parte de uma conversação mais ampla que está ocorrendo naquele blog. O blogger deve ajudar a facilitar a conversação tomando parte nos comentários.

Usar Joost Blog Metrics no Wordpress ilustra a taxa para comentários em um post. Reveja os comentários e seu conteúdo em uma base mensal para ver que tipo de relacionamentos o seu blog tem com seus leitores. Quais tópicos encorajam a maioria dos comentários? Posts com mais questões no título e questões no final geram mais comentários? Você buscou qualquer alcance em outros canais como o Twitter para encorajar comentários? Está acontecendo alguma conversação entre as pessoas que comentam? O que você está fazendo para facilitar isso? Qual é a qualidade dos comentários? Você está aprendendo? Quando e por que os comentários são positivos ou negativos?

Influência

Blogs não são entidades que se sustentam sozinhas. Cada qual é uma parte da conversação mais ampla dentro da blogosfera, a comunidade dos blogs. Blogs influentes catalisam conversações em outros blogs. Uma medida de influência é chamada de *autoridade*, que significa o número de blogs que se ligam a outro. Aumentar a autoridade de um blog amplifica a sua influência na blogosfera. Ferramentas como a Technorati e o Yahoo! Site Explorer podem medir a autoridade de um blog.

Os bloggers também devem rastrear o número de links de entrada em seus blogs por meio dos pacotes analíticos para blogs. Os links são o comércio da blogosfera e espera-se que eles sejam recíprocos. Bloggers que são generosos em seus links com outros blogs irão receber o mesmo em troca. E como nós aprendemos no Capítulo Três, "Entendendo redes sociais", essas relações recíprocas se transformam em capital social.

Índice da indústria

Há números crescentes de sites e listas de blogs e bloggers influentes do Terceiro Setor. Por exemplo, a Lista de Mudanças cataloga centenas de blogs não lucrativos de acordo com uma métrica de hospedagem sobre a influência que eles têm. Esses bloggers precisam rever as listas regularmente para entender melhor sua influência e se conectar.

Cavar mais fundo o engajamento dos leitores de blogs pode parecer algo que dá bastante trabalho, mas, com prática e disciplina, pode levar apenas uma ou duas horas por mês para reunir os dados sobre os esforços da organização em seus blogs e em outros canais de mídia social como Facebook ou Twitter. O próximo passo importante é fazer uso dos dados como uma parte do processo regular da reflexão organizacional.

REFLEXÕES

As organizações precisam ganhar tempo para dar uma respirada e refletir sobre o que está indo bem e o que não está, e sobre como podem se mover adiante. Aprender, adaptar e se preparar para os próximos esforços iterativos é o segredo para obter resultados tangíveis a partir dos seus esforços com a mídia social.

Porém, a reflexão só funciona quando as organizações valorizam o aprendizado em detrimento da culpa e tratam o processo como uma busca por *insight*. Vamos imaginar que uma organização lançou um concurso de vídeo e quatro pessoas submeteram trabalhos. Organizações prontas para distribuir culpas podem castigar a equipe organizadora e jurar nunca mais se envolver em tamanha tolice novamente. Mas uma equipe que tenha o foco na reflexão e adaptação pode articular uma conversação interna e discutir melhorias para o próximo concurso e para tentativas de crowdsourcing.

Wendy Harman, gerente de mídia social da Cruz Vermelha, descreveu a abordagem de sua organização em relação à reflexão da seguinte maneira: "No começo, eu fazia a reflexão por conta própria, usando um diário para documentar o experimento e, no final do projeto, fazia uma revisão de tudo o que tivesse coletado. Eu pensava sobre sucessos e fracassos. Também mantinha um olho aberto em tudo o que outras entidades sem fins lucrativos estivessem fazendo nesse espaço de mídia social. Isso inevitavelmente levaria ao *design* de um novo experimento. Agora que nossa organização abraçou a mídia social, nós fazemos isso como uma equipe".[4]

As organizações também precisam dar um passo para trás daquele redemoinho diário de métricas e usar uma ou duas horas por mês para batalhar contra as grandes questões de como a mídia social se encaixa em seus esforços gerais. Elas precisam se perguntar: Quais veículos e canais nos ajudam a ganhar mais tração? Como podemos ajustar nossa carga de trabalho internamente para refletir esses resultados? Como nossas atividades de mídia social nos ajudam a ir ao encontro de nossos objetivos estratégicos? Como nossos esforços no uso da mídia social estão apoiando nossas atividades em terra?

A reflexão não precisa ser uma atividade privada. Ela pode ser feita de maneiras conectadas e transparentes. O blog da organização pode ser um lugar para partilhar lições aprendidas com os leitores e também para pedir a eles *feedback* e sugestões. O resultado: uma maneira poderosa para aprender e melhorar com o tempo.

RETORNO DO INVESTIMENTO

As organizações sem fins lucrativos conectadas entendem o valor de medir conexões e engajamentos usando a mídia social. Mas elas também sabem que precisam demonstrar seu valor a fim de sustentar e estender o trabalho. Ao assumir as abordagens que nós esboçamos neste capítulo, não fica difícil dar o salto para traduzir os resultados em retorno financeiro para uma organização.

Analisar o retorno do investimento inclui benefícios, custos e valor de um esforço que usa a mídia social ao longo do tempo. Os benefícios podem ser intangíveis (que não podem ser traduzidos em dinheiro e geralmente são orientações comportamentais) ou tangíveis (que podem ser traduzidos em dinheiro ou economia de tempo). Uma maneira de entender o retorno financeiro de um esforço é usando custos comparativos a partir de abordagens análogas mais tradicionais.

A Tabela 9.1 apresenta uma comparação de atividades usando a mídia social com abordagens tradicionais e seus custos associados.

Tabela 9.1
Concurso do YouTube: "Nocauteie a Rinha de Animais"

Abordagem de Mídia Social	Abordagem Tradicional
Escutar on-line	Adquirir uma pesquisa formal de mercado
Cultivar relacionamentos com os bloggers e repórteres on-line que resultem em posts e histórias	Contratar equipes de comunicação ou uma assessoria de imprensa para colocar as histórias na grande mídia
Usar serviços grátis on-line como Facebook e Twitter para anunciar um evento	Colocar anúncios no jornal
Gerar conteúdo que possa ser transformado em um anúncio de serviço público posteriormente	Produzir o seu próprio vídeo com conteúdo PSA
Pedir que os patrocinadores compartilhem novidades e informações com seus amigos de sites de redes sociais	Disseminar informação para o público através de newsletters e comunicados para a imprensa
Usar o blog da organização ou sua presença no YouTube, Facebook ou Twitter para dirigir tráfego ao Website	Comprar anúncios no Google ou contratar um consultor de otimização de programas de busca
Conseguir endereços de e-mail de pessoas que os compartilham pelo Twitter, blogs ou perfis de redes sociais	Comprar listas com endereços de e-mail

Uma organização também pode fazer manualmente um novo experimento no qual os custos e o retorno do investimento estejam claramente embutidos no projeto desde o começo.

MUDANÇA SOCIAL

Afetar a mudança social é certamente a derradeira meta para as organizações sem fins lucrativos. Conectar-se com as pessoas e obter um engajamento mais profundo são peças importantes para fazer amigos e seguidores, mas a mudança social acontece quando essas pessoas fazem algo em nome da organização como doar alimentos, distribuir agasalhos no inverno e levantar fundos para a pesquisa sobre o câncer. Como mencionamos ao longo deste livro, a mídia social desempenha um papel importante na equação social total, mas essa é somente uma parte do esforço mais amplo. A mídia social pode ser utilizada para afetar a mudança diretamente.

Um grande exemplo da mídia social sendo usada para afetar a mudança foram as marchas de imigrantes em 2006. Naquela primavera, dezenas de milhares de jovens por todos os Estados Unidos organizaram por conta própria uma marcha pedindo a reforma da imigração. Só em Los Angeles, mais de 60 mil pessoas foram às ruas para marchar. As ferramentas de mídia social, como mensagens de texto e particularmente o MySpace, foram essenciais para a organização dos esforços. Mas a organização não parou quando os manifestantes apareceram. Participantes e organizadores continuaram a usar uma variedade de ferramentas para coordenar locais de reuniões enquanto a marcha se desenrolava.

CONCLUSÃO

Sempre foi importante que as organizações desenvolvessem uma variedade de medidas para criar um quadro rico de como, por que e se os seus esforços são bem-sucedidos. Agora nós precisamos usar o aprendizado das sequências e adicionar as medições de mídia social a este mix.

O aprendizado das sequências fica mais claro ao longo de múltiplos esforços (ver Tabela 9.2). O monitoramento ajuda as organizações a ajustar os esforços de

Aprender as sequências **169**

forma imediata. Programas e processos mais fortes aumentam o envolvimento dos apoiadores on-line. As organizações precisam ver um retorno financeiro significativo de uma campanha que tenha sido bem executada. E, quando tudo for bem-feito, as organizações sem fins lucrativos verão a derradeira medida do valor da mídia social.

Tabela 9.2
Estrutura do aprendizado das sequências

Estrutura	Resultado
Engajamento	Interação
	Reputação
	Influência
	Lealdade
	Satisfação
	Sentimento
	Feedback
	Compartilhar mensagens com amigos
Retorno do investimento	Tráfego para o Website
	Conversões do site para a lista de e-mail
	Assinaturas
	Doações
	Direcionamentos
	Inscrições no blog
	Membros
	Petições assinadas on-line
	Chamadas / e-mails de oficiais do governo
Mudança social	Salvar as baleias
	Mudar para lâmpadas compactas
	Prevenção da malária
	Reduzir a gravidez na adolescência
	Chegar à paz no planeta
	Abaixar a temperatura da Terra em 5 °C

QUESTÕES PARA REFLEXÃO

Medição

- Você está desenvolvendo as ferramentas e os métodos para medir o sucesso (ou seja, indo além de cliques e impressões)?
- Você está sintetizando *insights* qualitativos à análise de dados concretos?

Aprendizado

- Você está ajustando a sua estratégia ao longo do caminho – e adaptando--se onde as mudanças são necessárias?
- A equipe pode criar projetos-piloto de baixo risco antes de examiná-los por meio de exercícios ROI?[*]
- Você implanta iniciativas que ajudarão sua organização a aprender antes de investir em campanhas de marketing majoritárias?

Adaptação

- Você está tirando um tempo para refletir ao final de cada projeto?
- Você está revisando o *design* do projeto com base no que aprendeu?

ROI

- Quais são os benefícios do projeto?
- Como você pode traduzir esses benefícios em quantidade de dinheiro e tempo poupado?

Você também pode usar este conjunto de questões para refletir no final:

- O que funcionou realmente bem nesse projeto de mídia social?
- Ele alcançou suas metas ou resultados? De que maneiras?
- Faltou alguma coisa ao projeto? Por quê?

---

*ROI: *Return on Investment* (retorno do investimento). (N. T.)

Aprender as sequências **171**

- O que você faria diferente?

- Quais surpresas surgiram durante o projeto? O que você aprendeu com elas?

- Quais *insights* você teve durante o projeto?

- Quais processos você utilizou que funcionaram bem? O que não deu certo? Por quê?

- Como as pessoas trabalharam juntas? Onde ocorreram os conflitos? Como se lidou com eles? As pessoas ganharam novas perspectivas ou *insights* como resultado?

- Houve pessoas ou perspectivas ausentes do projeto que você incluiria da próxima vez?

- Quais habilidades e processos as pessoas aprenderam com você como parte desse projeto? Em quais habilidades e processos você usaria seu tempo se fizesse tudo novamente?

- O que você fez neste projeto que pode ser transferido para outras pessoas?

- Quais foram os aspectos mais inovadores do projeto? Como eles funcionaram?

- Quais foram os aspectos mais problemáticos do projeto? O que você faria para lidar com eles diferentemente?

- Quais habilidades foram mais utilizadas durante o projeto? Quais habilidades esse projeto fez você perceber que precisa adquirir?

- O que realmente o surpreendeu sobre o projeto? Quais foram as questões que ficaram sem resposta sobre tudo o que aconteceu?

- O que o intrigou no projeto?

- O que você gostaria de aprender mais no futuro que poderia ajudar nesse ou em outros projetos?

- Onde bagunçamos tudo, cometemos erros ou demos de cara no chão? O que podemos aprender com isso?

NOTAS

1. James O'Malley, "HSUS YouTube User-Generated Competition Grow List", Frogloop, postado em 3/mar/2008, http://www.frogloop.com/care2blog/2008/3/3/hsus-youtube-user-generated-video-competition-grows-list.html (acessado em 2/set/2009).

2. Carie Lewis, comunicação privada de e-mail com Beth Kanter, 1º/ago/2007.

3. Alexandra Samuel, "Scoring with Social Media: 6 Tips for Using Analytics", Harvard Business Pulbishing, 21/set/2009, http://blogs.harvardbusiness.org/cs/2009/09/scoring_with_social_media_6_ti.html (acessado em 3/set/2009).

4. Wendy Harman, comunicação privada de e-mail com Beth Kanter, fevereiro de 2008.

Da Amizade ao Financiamento

capítulo
DEZ

Em 7 de setembro de 2006, Scott Harrison completou 31 anos de idade. Ele decidiu celebrar convidando amigos para uma festa. Mas, em vez de presentes, pediu-lhes que doassem 20 dólares para a charity: water, uma organização sem fins lucrativos que ele havia começado há pouco tempo, com o objetivo de levantar fundos para distribuir água potável em países em desenvolvimento. Setecentas pessoas foram à festa e levantaram dinheiro suficiente para subscrever seis fontes de água em Uganda.

Scott tem grandes talentos. Um em particular é sua habilidade de fazer amigos aonde quer que vá. Ele os faz em Nova York, onde vive, no Facebook e no Twitter, e em uma estrada rural na Libéria. É também um grande contador de histórias e defensor apaixonado de sua causa. Ele inoculou sua organização com este estado social. No momento em que este livro estava sendo escrito, a charity: water já tinha mais de 44 mil amigos no Facebook e mais de um milhão de seguidores no Twitter. Esses amigos falam para outras pessoas a respeito do trabalho que a organização desenvolve. Se procurarmos pela charity: water no Google, encontraremos algo em torno de 20 milhões de resultados.

Scott e sua equipe também foram bem-sucedidos em transformar esses amigos em patrocinadores para a organização (ver Figura 10.1). Três anos após ela ter sido iniciada, a charity: water já havia levantado mais de 10 milhões para capitalizar 1.341 projetos relativos a água potável que beneficiam 727.110 pessoas.[1]

A charity: water demonstra a efetividade de trabalhar como uma organização sem fins lucrativos conectada. Ela o faz ao:

Ser transparente

A organização opera de maneira totalmente aberta. Relatórios anuais, declarações financeiras e relatórios de auditoria são postados on-line. A forma como os projetos são avaliados e como o dinheiro é usado estão disponíveis no Website da organização. As pessoas podem chegar à equipe facilmente por meio de uma variedade de canais da mídia social, incluindo Website, Facebook e Twitter. Além disso, cada doação é ligada a um projeto específico e os doadores podem ver imagens do projeto que ajudaram a capitalizar on-line e por meio do Google Earth.

Ser simples

A charity: water tem uma mensagem simples que é fácil de ser comunicada on-line, particularmente no Twitter, que impõe um limite de 140 caracteres: "A charity: water cria água potável em países em desenvolvimento". Pronto. Ela se atém ao que faz melhor, levantando a consciência e o capital para obter água potável. O restante ela faz estabelecendo parcerias em rede com organizações com ampla tradição em implantar sistemas de água potável em Ruanda, Uganda, Malawi, Quênia, República Centro-Africana, Etiópia, Bangladesh, Índia e Honduras.

Escutar, engajar e construir relacionamentos

Onde quer que a organização esteja, on-line ou em terra, a meta é engajar muitas pessoas em conversações sobre o fato tenebroso de que mais de 1 bilhão de pessoas vivem com água suja e transmissora de doenças. A charity: water está constantemente escutando on-line, compartilhando e se conectando com as pessoas em múltiplos canais.

Ser uma organização sem fins lucrativos conectada capacitou a charity: water em levantar fundos a partir de sua grande rede de amigos. Em 2009, ela criou uma área especial em seu Website chamada *my*charity: water, onde os indivíduos criavam os seus próprios esforços para levantar fundos em nome da organização. Milhares de pessoas se juntaram abrindo mão de presentes de aniversário em troca de doações, e organizando caminhadas, corridas e travessias para levantar mais de meio milhão de dólares naquele ano.

Figura 10.1
*my*charity: water é a rede social de doadores da charity: water

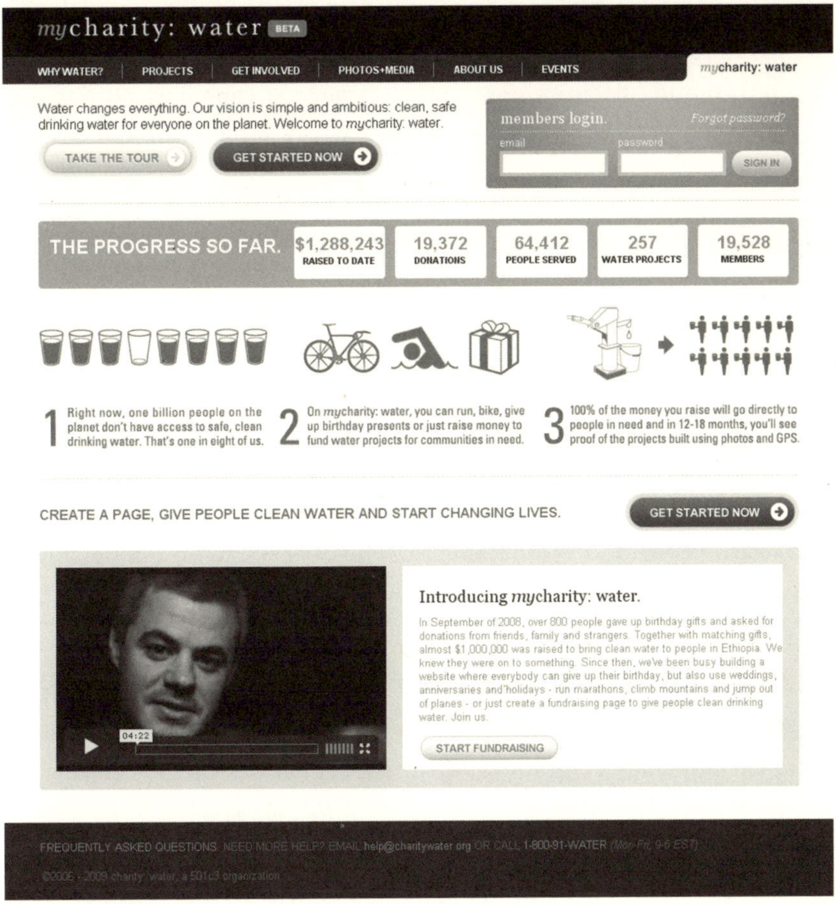

Fonte: Reimpresso com a permissão de charity: water.

Durante o Twestival, o evento global para levantar fundos organizado por Amanda Rose e suas amigas, a charity: water seguiu e liderou na mesma proporção. Ela permitiu que as pessoas fizessem coisas em seu nome sem se preocupar em perder o controle.

As realizações da organização não ocorreram todas on-line. Festas e reuniões presenciais, artigos em mídia impressa, e campanhas de propaganda e marketing também despertaram a consciência das pessoas e levantaram dinheiro para a organização. A charity: water está efetuando um casamento entre as formas tradicionais de arrecadar fundos com a mídia social, para transformar amigos em patrocinadores e, junto com outras organizações, fornecer um novo projeto para a capitalização de fundos no futuro.

Neste capítulo, discutiremos o atual estado da capitalização das organizações, os elementos necessários para transformar amigos em patrocinadores, exemplos de organizações que estão fazendo exatamente isso e as lições que elas aprenderam.

ONDE OS FUNDOS ESTÃO HOJE

Em seu livro *CauseWired,* Tom Watson pontua um fato atordoante: "Mesmo no país que faz mais caridade no mundo [Estados Unidos], doar continua estagnado como um fator de nossa riqueza nacional".[2] De fato, apesar de o número de entidades beneficentes ter explodido e o número de pedidos de doação e modos de doar terem expandido, o montante total de doações como um percentual da riqueza do país não cresceu nem um pouco. Nenhum motivo em especial explica por que esse é o caso. Mas um fator que contribui é que as organizações se estabeleceram em sua metodologia testada e aprovada – como eventos especiais, grandes doações individuais e mala-direta para sua lista de doadores – enquanto falharam em aumentar a comunhão de interesses das pessoas que eram capturadas por meio dessas atividades.

Algumas dessas atividades como o Twestival apelam para os jovens, mas muitas, em particular a mala-direta que procura levantar fundos, não. As organizações precisam colocar os olhos no futuro e atingir os jovens como doadores. Ainda que essa faixa etária não disponha de grandes montantes para doar, desenvolver suas práticas de doadores bem cedo levará a uma frequência maior dessa atividade ao longo de uma vida. É vital que as entidades do Terceiro Setor se conectem com essa nova geração exatamente onde ela é mais ativa e confortável: on-line.

Nós entendemos que é difícil mudar velhos hábitos quando a pressão está aumentando para pagar as contas e os funcionários. Considere as circunstâncias:

uma profunda recessão, ampla competição entre organizações que precisam de fundos, um grupo de doadores tradicionais que está estagnado e uma fadiga dos doadores para com as interações tradicionais, tudo contribui para a dificuldade que muitas organizações sem fins lucrativos encaram para levantar fundos. Entretanto, elas precisam começar a experimentar novos modelos que suplementem os antigos para garantir que elas continuarão sustentáveis no futuro.

Claramente, as organizações precisam levantar dinheiro de uma variedade de fontes e esse *mix* inclui agora a mídia social. Contudo, levantar fundos on-line ou utilizar a mídia social não é uma panaceia para esses problemas. Isso porque toda a promessa e a excitação da capitalização on-line representam apenas uma pequena fatia do total de doações feitas para organizações sem fins lucrativos. Para colocar o levantamento de fundos on-line em perspectiva, uma pesquisa conduzida em 2009 pela empresa de software Blackbaud descobriu que 7% do total de doações para 75 das maiores empresas do Terceiro Setor nos Estados Unidos eram feitas on-line.[3]

Mas o levantamento de fundos on-line está crescendo com velocidade. O percentual na pesquisa da Blackbaud era apenas metade disso dois anos antes. Uma semana após o tremendo terremoto ter atingido o Haiti no começo de 2010, a Cruz Vermelha Americana relatou ter levantado 22 milhões de dólares por meio de mensagens de texto. Um estudo feito pouco tempo depois relatou que 37% dos doadores disseram terem feito doações ao Haiti on-line ou por mensagens de texto.[4]

É essencial que as organizações comecem energicamente a descobrir como transformar seus amigos em patrocinadores.

Um levantamento de fundos bem-sucedido ocorre por meio da construção de relacionamentos e utilizar a mídia social para esse fim não é exceção à regra. Como Betsy Harman, consultora de levantamento de fundos em Chicago, diz: "Qualquer organização sem fins lucrativos que pensa que pode simplesmente colocar um botão de 'doe agora' em seu Website ou em uma luxuosa página de uma causa no Facebook e esperar que o dinheiro entre não entende nada de levantar fundos on-line. Tudo continua a ter a ver com esforços para construir relações, contar sua história e chegar a potenciais doadores pelo processo de cultivar, gerenciar e solicitar.[5]

Vamos separar a doação eletrônica em duas partes. Doar eletronicamente por meio de portais, como o botão de "Doe Aqui" em um Website, é uma forma de se fazer a coisa. Isso difere da doação em canais de mídia social como o Facebook, onde amigos são transformados em doadores em prol de uma causa ou de uma organização sem fins lucrativos. Transformar amigos em patrocinadores em canais de mídia social está em um estágio de desenvolvimento ainda mais inicial do que a doação on-line de forma geral. Por exemplo, um exame sobre organizações do Terceiro Setor, feito em abril de 2009 pela Nonprofit Technology Network (NTEN) e pela firma de consultoria Common Knowledge, descobriu que somente 39,9% dos respondentes havia conseguido levantar dinheiro por meio do Facebook, e outros 29,1% havia conseguido menos de 500 dólares nos últimos 12 meses.[6]

Os montantes levantados on-line crescerão à medida que as pessoas se tornarem mais confortáveis em doar on-line e quando as organizações se tornarem mais fluentes no uso das ferramentas disponíveis para levantarem fundos. Entretanto, assim como qualquer bom levantamento de dinheiro, construir os relacionamentos que são a chave para uma doação a longo prazo requer tempo. Construir uma comunidade on-line de patrocinadores que querem doar pode levar de seis a oito meses. As organizações que foram bem-sucedidas em levantar dinheiro usando a mídia social se focaram em experimentos iterativos. Esta abordagem isenta de custo ajuda a aprender e se aperfeiçoar ao longo do tempo. Como o consultor de mídia social Ivan Booth observou: "Isso tem a ver com cultivar relacionamentos com seus patrocinadores mais apaixonados, dando a eles formas de se pronunciar com voz própria e conectando-os com outras pessoas. Isso não acontece da noite para o dia".[7]

As organizações também precisam começar a se conectar com os jovens como doadores, de maneiras que sejam confortáveis e significativas para eles.

Joe Green é o cofundador da Causes for Facebook, um aplicativo que permite aos usuários do Facebook fazer que seus amigos fiquem cientes de uma causa e levantem fundos para ela. Green explica o poder das redes sociais on-line como veículos de doação para os jovens: "Com técnicas como mala-direta, a organização está procurando o doador, está batendo em sua porta. Com as redes sociais, trata-se muito mais de uma dinâmica de mercado, porque esses jovens doadores potenciais estão procurando pelos temas em lugares como o Facebook e então acidentalmente descobrem as organizações. Diversos jovens são novos doadores e jamais se envolveram em algo assim antes. Esse é o ponto de entrada deles. Para o bem ou para o mal, a equidade das marcas é menos importante em redes sociais".[8]

De fato, o Facebook é um canal que as organizações utilizam para engajar suas redes em conversações sobre um assunto, despertar a consciência, construir relacionamentos, organizar eventos e, ao longo do tempo, arrecadar dinheiro. Wick Davis, diretor de serviços on-line da Fundação Lupus da América (FLA), falou sobre o uso que sua organização faz do Facebook: "Eu realmente vejo a causa da FLA no Facebook como uma importante referência nas redes sociais. Como resultado do envolvimento constante com nossos membros, nós aumentamos as assinaturas para nossa causa em 584% em seis meses. E aumentamos as nossas doações on-line pelo Facebook em 790% no mesmo período".[9]

Apesar de doadores jovens serem críticos em relação a doações a longo prazo, atingir novos doadores de qualquer idade continua sendo imperativo para a sustentabilidade futura das organizações. Por exemplo, entidades que foram bem-sucedidas em levantar fundos on-line para o America's Giving Challenge (o concurso patrocinado pela Fundação Case em que Paggy Paden foi tão bem) descobriram que uma média de 60% de seus novos amigos e doadores no Facebook, feitos por meio do Challenge, eram novos para suas organizações.[10]

PADRÕES PARA LEVANTAR FUNDOS PELA MÍDIA SOCIAL

Um número pequeno de organizações sem fins lucrativos que adotou a mídia social e os sites sociais logo no início está começando a levantar agora grandes montantes de dinheiro on-line. Isso inclui a charity: water, Epic Change, The Nature Conservancy, A Sociedade Humana dos Estados Unidos e a Cruz Vermelha Americana. Em adição às características de organizações sem fins lucrativos conectadas que discutimos anteriormente neste livro, essas organizações descobriram que transformar amigos on-line em patrocinadores requer alguns componentes adicionais:

A mídia social faz parte de uma estratégia em múltiplos canais

Usar canais de mídia social por si só para arrecadar fundos não será tão efetivo quanto fazer que eles se tornem parte de uma estratégia com múltiplos canais que incluam técnicas tradicionais para levantar fundos. Isso inclui o uso de e-mail, a presença de um Website, Google Ads, eventos presenciais e conseguir chegar à grande mídia.

Um grande exemplo de como essa abordagem em diversos canais funciona bem é o Dia da Castração, uma campanha anual da Sociedade Humana realizada na última quinta-feira de fevereiro, que inspira as pessoas a salvar a vida dos animais ao esterilizar ou castrar animais de estimação ou gatos selvagens. Por anos a organização tem construído amizades em sites de redes sociais, mas sem pedir fundos. Em 2009, ela lançou o concurso de fotos do Dia da Castração nos Estados Unidos como parte de seus esforços gerais, para somar ao uso tradicional da grande mídia e outros meios de mídia social.

O concurso ocorreu no Facebook, onde mais de 45 mil amantes de animais postaram as fotos de seus bichos de estimação e encorajaram amigos a levantar fundos para esforços em prol da castração em todo o mundo. A organização arrecadou mais de 550 mil dólares, com os cinco principais arrecadadores recebendo de lembrança certificados de 25 dólares. O público e um grupo de celebridades selecionaram as fotos vencedoras, que receberam mil dólares cada.

Grace Markarian, gerente de comunicações on-line da Sociedade Humana, disse que integrar a mídia social em sua campanha para levantar fundos "...ajudou a aumentar a consciência e atingir um público que nós não poderíamos ter alcançado pelas vias normais".[11]

Pessoas são parceiras, não caixas eletrônicos

Refletindo sobre o futuro da arrecadação de fundos on-line, Peter Dietz, fundador da Social Actions, escreveu: "Os indivíduos irão até sua organização com a expectativa de serem parceiros de trabalho, não apenas fontes de dinheiro a serem acionadas quando necessário. As doações serão consequência de um envolvimento significativo, e não a medida dele".[12]

Um exemplo convincente é a WildlifeDirect, uma organização sem fins lucrativo de Nairobi, no Quênia. De acordo com Paula Kahumbu, diretora executiva:

"Em 2004, um grupo de conservacionistas comprometidos, liderados pelo Dr. Richard Leakey, ficou convencido de que as redes sociais forneciam a melhor oportunidade para assegurar o futuro da vida selvagem – uma abordagem que poderia juntar a energia coletiva de um sem-número de bons conservacionistas e combiná-la com milhões de indivíduos em todo o mundo que tenham uma preocupação genuína com o futuro da vida selvagem do planeta e seus habitantes singulares".

Em 2007, a organização tinha sete blogs, cada qual escrito por um profissional sobre a conservação de um animal específico na República Democrática do Congo. Os blogs eram uma oportunidade para envolver as pessoas em conversações sobre o desafio diário do trabalho de preservação na África. Eles também levantaram 350 mil dólares para pagar o salário de *rangers* e ajudar a salvar os gorilas da montanha no Parque Nacional Virunga. Paula diz: "Dois anos depois, nós temos por volta de setenta blogs e as doações quadruplicaram, assim como a visitação no Website. Nós tratamos nossos doadores como parceiros em nossos programas".

Os blogs da WildlifeDirect permitem que doadores individuais em todo o mundo se comuniquem diretamente com as pessoas que estão levantando os fundos. Essa multidão pode responder a qualquer emergência de forma muito mais rápida e eficiente do que grandes agências burocráticas, ajudar a reverter as catastróficas perdas de habitantes e espécimes, e assegurar o futuro da vida selvagem na África, Ásia e em todo o mundo.[13]

Contar sua história faz que a arrecadação de fundos se torne pessoal

Contar a sua história faz que as atividades de uma organização se tornem vívidas e os seus assuntos mais reais e urgentes para potenciais patrocinadores. Histórias colocam uma face humana em ideias abstratas, fornecem clareza moral em uma luta contra a injustiça, corrigem o fundamentalmente errado e celebram triunfos sobre o mal. Thomas Jefferson pode ter sido o mais brilhante escritor e filósofo do período da Guerra da Revolução, mas Ben Franklin era o melhor contador de histórias, e foram os seus impressos que propagaram as histórias (algumas reais, outras fictícias) que levaram as pessoas a agir.

As histórias também são dramáticas e poderosas, e fortalecem as conexões entre as pessoas. Nós sabemos de cor as histórias pessoais que catalisaram causas e organizações sem fins lucrativos: um jovem garoto, Ryan White, e sua batalha heroica para conviver com a Aids; Lois Gibbs descobrindo que toda sua vizinhança de Love Canal, Nova York, foi construída sobre uma lixeira de material tóxico que estava envenenando seus três filhos e setecentos vizinhos; a amedrontadora história e a doce face do garoto perdido, Adam Walsh, que começou um movimento nacional para rastrear e encontrar crianças perdidas. Essas trágicas histórias mobilizaram grandes números de pessoas e instituições para agirem.

As organizações podem usar a mídia social como blogs e o YouTube para espalhar essas histórias pelo mundo instantaneamente, de forma fácil e barata. Cecile Richards, presidente da Federação Americana para a Paternidade Planejada, disse: "Há milhões de histórias dentro da Paternidade Planejada. As mulheres começaram a escrever no Facebook e a blogar histórias fantásticas para colocar um rosto humano no trabalho que temos desenvolvido".[14]

Vamos dar uma olhada em alguns exemplos de histórias partilhadas em ação. Sanjay Patel e Stacey Monk fundaram a organização sem fins lucrativos Epic Change em 2008. A organização capitaneava um esforço para conseguir empréstimos para dar apoio ao Ensino Fundamental da escola Shephard Junior, em Arusha, Tanzânia. Esse esforço parecia similar em sua forma aos esforços para empréstimos de Kiva e outras microempresas. Mas, então, a organização deu uma virada interessante com essa sentença em seu Website: "Queremos saber como empréstimos podem ser pagos com o compartilhamento de histórias". Stacey escutou uma impressionante lista de maneiras, incluindo:

- Organizando performances locais e audições.
- Vendendo produtos como cartões e velas com fotografias, histórias e trabalhos de arte dos estudantes.
- Dando permissão para a partilha da história da carismática fundadora da escola, Mama Lucy Kamptoni.
- Criando e vendendo um livro.

No verão de 2009, 5 mil dólares dos originais 65 mil dólares emprestados haviam sido pagos por meio dessas atividades.[15]

Contar histórias utilizando a mídia social fornece oportunidades para que os indivíduos usem um megafone, do qual eles não teriam acesso antes. Change.org, uma vibrante plataforma on-line para profundas discussões sobre assuntos, como direitos dos animais, aquecimento global e tráfico de escravos, aprendeu sobre o poder das histórias de pessoas na área dedicada à falta de moradia.

Shannon Moriarity, uma facilitadora da área que discute falta de moradia na Change.org, escreveu um post em 10 de dezembro de 2008 chamado "Escolhendo as ruas em vez de abrigos". Ele falava sobre os motivos que levavam uma pessoa a optar por viver nas ruas em vez de ir para um abrigo. Um número grande de profissionais da área escreveu comentários sobre o post no Website. E então veio o Mendigo SlumJack. Ele era um mendigo e partilhou a sua história pessoal dos motivos que o levavam a viver nas ruas e não em um abrigo.

"Abrigos", ele escreveu, "são com frequência um eufemismo para 'abrigos de emergência'... mas a emergência é que você não tem nenhum outro lugar para estar e viver; então, estar em um abrigo é a emergência. E estar nesta desagradável situação, mesmo com a 'ajuda' de meramente ter um lugar péssimo para dormir entre quatro paredes, um banheiro nojento e um arremedo de refeição – quando muito – só perpetua o seu verdadeiro problema".[16]

Ben Rattray, o fundador e CEO da Change.org, refletiu sobre o motivo da voz do Mendigo SlumJack ser tão importante: "Entre as muitas limitações que a mídia tradicional impõe, estão quem fala o quê. A Internet democratiza esse acesso. Ela dá poder até mesmo para o mais marginalizado indivíduo ser ouvido – o veterano sem casa, o imigrante sem documentos, a prostituta. Isso é importante não somente para aqueles que costumam ser o objeto da discussão falarem em defesa própria, mas também para aqueles que agora podem escutá-los – de forma autêntica, pessoal e não adulterada. É a conexão pessoal que esta rara narrativa em primeira pessoa forja com seu leitor que cria uma empatia real e muda as perspectivas".[17]

As organizações podem ajudar os indivíduos a contarem suas histórias em nome dela e de diferentes maneiras:

Da amizade ao financiamento **185**

- Ofereça fatos e outras informações que os indivíduos possam utilizar em suas próprias narrativas como a Change.org faz em seus blogs.

- Forneça plataformas para que as pessoas possam contar as suas próprias histórias sem que elas sejam filtradas ou editadas. A Global Reach é uma estação de rádio da Internet que oferece oportunidades para que as pessoas em todo o globo compartilhem as suas histórias pessoais.

- Encoraje os indivíduos a agir como se fossem seus próprios diretores criativos e combinarem diferentes mídias para contar a história. Valdis Krebs e o membro do Conselho da Cidade de Cleveland, Anthony Brancatelli, usaram uma variedade de dados públicos sobre embargos no bairro Slavic Village, em Cleveland. Eles mapearam os padrões das práticas de empréstimos hipotecários que levaram aos embargos e descobriram que a maior parte deles poderia ser rastreada até uma nefasta companhia de financiamentos hipotecários que pertencia a uma única família e queria encobrir seus rastros.[18]

Gratidão faz que os doadores queiram doar mais

Agradecer aos patrocinadores tem se tornado com demasiada frequência um reflexo mecânico para as organizações, limitando-se a fornecer documentação para o propósito de declaração de rendas a quem doasse. Agradecimentos sinceros às pessoas que apoiam precisam acontecer com frequência e entusiasmo para que elas se sintam verdadeiramente conectadas às organizações. E isso não precisa nem mesmo acontecer por um motivo em particular.

Uma congregação que conhecemos pediu aos membros de seu conselho que ligassem para 20 congregantes durante um período de duas semanas para agradecê-los por serem membros. E foi isso – simplesmente os agradeceram por serem membros da comunidade. Eles não tinham qualquer motivação secreta e não era um cenário para levantar fundos. Levou de duas a três horas para cada membro do conselho fazer suas ligações. Uma vez que os congregantes superavam a surpresa e a suspeita inicial, eles ficavam encantados em conversar com os membros.

As reações das pessoas às chamadas iam da felicidade ao êxtase. Elas tinham algumas poucas queixas sobre a instituição, contudo, cerca de metade dos congregantes também se ofereceram para trabalhar como voluntários no escritório e em épocas de férias. E não custou nada, exceto algumas horas do tempo dos membros do conselho.

Em comparação, as ligações para levantar fundos para essa congregação tiveram o típico percentual de 10 a 20 reações positivas com a promessa de pequenas quantias de dinheiro, enquanto os outros 80% a 90% dos congregantes fugia colina acima, com a expectativa de não serem solicitados a doar.

Agradecer precisa ser rápido, sincero e tão pessoal quanto for possível. As pessoas têm muitas opções de causas para dar apoio e, se elas se sentirem menosprezadas, irão encontrar outras casas para devotar suas paixões. A mídia social torna mais fácil e mais público do que jamais fora antes o ato de agradecer. E as maneiras para agradecer doadores e voluntários usando a mídia social só estão limitadas pela imaginação de quem agradece.

Por exemplo, as organizações podem listar os nomes dos doadores (que quiserem ser mencionados) em seus blogs e Websites. Também podem enviar e-mails pessoais para eles. Elas podem usar o Facebook e o Twitter não somente para agradecer pessoalmente, mas também para permitir que sua comunidade inteira de amigos e seguidores veja os agradecimentos. É claro, nenhum desses métodos exclui a organização de também pegar o telefone ou enviar aos doadores uma carta de agradecimento por correio normal.

As organizações estão começando a experimentar uma variedade de maneiras de usar a mídia social para obter fundos. Dois modos particulares de atrair amigos para capitalização que têm chamado a atenção recentemente são clicar por causas e concursos.

Clicando para alavancar a doação de dinheiro

Algumas organizações levantam dinheiro com sucesso em redes sociais como o Facebook ou o Twitter quando os patrocinadores clicam para dar suporte a uma causa ou influenciam amigos pela causa, e, ao fazerem isso, alavancam a doação de um patrocinador.

Mas, na verdade, as organizações sem fins lucrativos têm usado ações de clique em seus Websites muito antes do Facebook e do Twitter existirem.[19] Por exemplo, o jogo interativo FreeRice que doa grãos de arroz para o Programa

Global Alimentício das Nações Unidas, lançado em 2007. Os usuários clicam para jogar um jogo de palavras, que por sua vez alavanca uma doação para combater a fome no mundo. Para cada clique, patrocinadores privados como Citibank, Unilever e Credit Suisse doam dez grãos de arroz. Isso pode não parecer muito, mas, quando milhões de pessoas estão clicando, o montante se transforma em uma quantidade grande de comida muito rapidamente. O resultado: em outubro de 2009, a FreeRice havia doado um total de 70.991.387.110 grãos de arroz.[20]

Outro exemplo de "clique por dólares" vem de um dos mais populares e envolventes aplicativos do Facebook – (Lil) Green Patch. Esse aplicativo social de jardinagem permite que os usuários plantem um jardim virtual em seus perfis e enviem plantas virtuais como presentes para seus amigos. Os anunciantes doam dinheiro para as causas quando as pessoas dão presentes. A Nature Conservacy já levantou 125 mil dólares dessa forma, a partir de cliques de anunciantes. O aplicativo é particularmente envolvente para os mais jovens e os educa sobre o compromisso com a floresta tropical, combinando assim autoexpressão com troca virtual de presentes.

TwitCause é um aplicativo do Twitter similar ao popular arrecadador de fundos do Facebook application causes. Como um serviço básico, o TwitCause identifica uma causa para dar suporte (parcialmente baseado no *feedback* da comunidade) e usa o Twitter para direcionar conscientização e doações para ela. O TwitCause também tem patrocinadores identificados, dispostos a fazer uma doação para cada seguidor no Twitter. A fabricante de sorvetes HäagenDazs entrou na história para salvar abelhas em perigo. Ela doou um dólar para as primeiras 500 pessoas a enviarem uma mensagem pelo Twitter com o código #HelpHoney-Bees. O dinheiro ajudou um projeto de pesquisa da UC Davis sobre a devasta-ção das colônias de abelhas, assim como a Häagen-Dazs Honey Bee Haven, que ensina as pessoas sobre como ter as suas próprias criações. A campanha gerou mais de 290 mil tweets.[21]

Conduzindo concursos on-line para arrecadar fundos

Um número crescente de concursos on-line para arrecadar fundos permitiu a alguns grupos levantar montantes significativos. O America's Giving Challenge, patrocinado pela Fundação Case, começou essa tendência no final de 2007. No total, o primeiro desafio incluiu mais de 6 mil causas para levantar por volta de 1,8 milhão de dólares.[22] E em 2009, a Target Corporation lançou a Bullseye Gives no Facebook. O esforço em prol da doação pedia que os usuários do programa votassem em como a Target deveria alocar 3 milhões de dólares entre dez grandes organizações sem fins lucrativos, como a Cruz Vermelha Americana e o Hospital de Pesquisa Infantil St. Jude.

Colocadas lado a lado, todas essas experiências criaram uma imagem das melhores práticas para informar os esforços futuros que consistam em fazer amigos para levantar fundos.

TÁTICAS ONLINE BEM-SUCEDIDAS PARA ARRECADAR FUNDOS USANDO A MÍDIA SOCIAL

As características comuns de esforços que foram bem-sucedidos em levantar fundos com a utilização de mídia social incluem os seguintes:

Credibilidade

As organizações não podem simplesmente aparecer e pedir dinheiro. Elas precisam estabelecer confiança com doadores em potencial primeiramente para fazer apelos críveis e significativos para as pessoas. Como mencionado anteriormente, as organizações precisam investir na construção de relacionamentos antes de lançar suas campanhas.

Mensagens simples e convincentes

Vamos utilizar o exemplo de um discurso de trinta segundos feito dentro de um elevador com o objetivo de levantar fundos, fazendo uma analogia às mensagens de 140 caracteres do Twitter, como modelo para o lançamento da causa. Mensagens para arrecadar dinheiro usando a mídia social precisam ser curtas e fáceis de entender. É claro, comunicar todo o propósito de uma organização pode não ser possível em um espaço tão pequeno, mas é uma boa forma de praticar como reduzir o lançamento das campanhas à sua essência. Lançamentos bem-sucedidos para a mídia social seguem esta fórmula: "Sua doação irá nos ajudar a atingir tal resultado".

Da amizade ao financiamento **189**

Urgência

Mostrar a urgência por trás da arrecadação dos fundos é especialmente crítico para o alcance on-line, em que as dimensões da atenção são mais curtas que nunca. Esforços intensivos para levantar fundos precisam ter prazos pequenos e claros. É melhor estabelecer um prazo curto com expectativas menores, do que um esforço muito longo com uma meta demasiado alta. A urgência também vem de saber o quão bem uma organização está se saindo em tempo real. A mídia social pode criar relatórios on-line que sejam o equivalente aos termômetros que marcam a temperatura nas avenidas de grandes cidades. Somente agora elas podem ser vistas por qualquer pessoa e atualizadas regularmente e num piscar de olhos. O America's Giving Challenge usou um quadro para dar informação em tempo real para os participantes sobre o número de amigos e fundos que eles haviam levantado em um dia em particular ou no geral. Isso se somou à urgência do concurso e forneceu um incentivo adicional e *momentum* para que os participantes mantivessem ou melhorassem suas posições.

Espalhe a doação

Até o momento, as doações feitas por meio de redes sociais tiveram uma média baixa de montantes obtidos dos chamados *gifts*. Isso se deve em parte às doações dos jovens, que ainda não chegaram ao pico de seus ganhos financeiros. Gifts de 5 ou 10 dólares são bastante comuns on-line. Nós esperamos que, à medida que a idade dos usuários de redes sociais aumente, quantias maiores também sejam doadas on-line.[23]

Reconhecimento do doador

O agradecimento não ocorre somente ao final de um esforço. A mídia social, como blogs, é a ferramenta perfeita para compartilhar histórias sobre o trabalho que as pessoas estão fazendo em nome da organização em tempo real e criando o *momentum* para o esforço. As organizações podem destacar casos de doações individuais que sejam apelativas para a rede. Além disso, destacar influenciadores espalha estrategicamente as notícias sobre como e por que as pessoas estão contribuindo para a causa, além de também encorajar outros amigos dos influenciadores a fazer o mesmo.

A narrativa de histórias continua

Apesar de uma atividade em prol da arrecadação de recursos possa ter vida curta, as histórias sobre os resultados continuam, tornando-se parte do relacionamento construído e da credibilidade que as organizações criam com suas redes ao longo do tempo. Tome por exemplo o Red Nose Day 2009, um evento feito na Inglaterra durante um dia inteiro que levantou dinheiro para pessoas necessitadas no Reino Unido e na África. Seis meses após o evento de março de 2009, a organização ainda estava atualizando seus canais no Twitter e no Facebook com histórias sobre o dia que irá se tornar parte da narrativa de preparação para o evento do ano seguinte.[24]

CONCLUSÃO

É importante que as organizações continuem a se lembrar de que nós estamos todos em um estágio inicial de aprendizagem sobre como transformar amigos em patrocinadores. Nós também devemos usar o momento para pensar como fazer amigos primeiro, e focar em cultivá-los e nutri-los em canais potencialmente férteis, como o Facebook.

Por último, apesar de transformar amigos em patrocinadores ser algo que requer tempo e paciência, também pode ser bastante divertido, com as organizações e os agentes livres encontrando novas e criativas maneiras de energizar e engajar seus apoiadores para a sua causa. E mesmo que as ferramentas pareçam diferentes de antes, os fundamentos da arrecadação de fundos permanecem: a causa precisa ser convincente e urgente, e a poderosa arte de contar histórias, agora amplificada com a mídia social, tem de ser empregada.

QUESTÕES PARA REFLEXÃO

- Quão bem suas atividades para levantar fundos em mídia social se conectam e dão suporte a seus outros canais?
- Quais são seus pontos de contato com os atuais e potenciais apoiadores que se conectam a você por meio de redes sociais e mídia social? Você

está se conectando com eles somente para pedir doações ou está solicitando que eles votem, cliquem ou enviem dinheiro? Todo contato é uma forma de pedir?

- Sua organização compartilha histórias sobre o impacto de seu trabalho a partir de uma perspectiva pessoal?

- Sua organização compartilha histórias sobre novos patrocinadores que doaram por meio de redes sociais? Você está identificando e cultivando doadores que são influenciadores?

- Suas histórias causam comoção ou evocam reações emocionais? Elas são engraçadas, afetuosas e incomuns?

- Você facilita aos apoiadores compartilharem suas histórias sobre a organização?

- Como você reconhece os apoiadores, celebra com eles e agradece suas contribuições?

- Você está mantendo sua presença e seu engajamento continuamente, além do tempo de duração de sua campanha?

NOTAS

1. charity: water, www.charitywater.org (acessado em 4/set/2009).

2. Tom Watson, *CauseWired: plugging in, Getting Involved, Changing the World*, John Wiley & Sons, Hoboken, Nova Jersey, 2008, p. 156.

3. Holly Hall, "Contributions to Big Charities Drop as Groups Struggle to Recruit Donors", *The chronicle of philanthropy*, 23/abr/2009, http://philanthropy.com/premium/articles/v21/i13002201.htm (acessado em 15/ago/2009).

4. Pew Research Center for the People and the Press, "Haiti Dominates Public's Consciousness: Nearly Half Have Donated or Plan to Give", 20/jan/2010, http://pewresearch.org/pubs/1469/public-following-haiti-donations-texts (acessado em 25/jan/2010).

5. Beth Kanter, "Hello Washington Post: Dollars per Facebook Donor Is Not the Right Metric for Sucess" Beth's Blog, 22/abr/2009, http://beth.typepad.com/beth_blog/2009/04/hello-washington-post-dollars-per-facebook-donor-is-not-the-right-metric-for-success.html (acessado em 22/set/2009).

6. Beth Kanter, "Study Provides Baseline for Nonprofit Use of Social Networks" Beth's Blog, 8/mai/2009, http://beth.typepad.com/beth_blog/2009/05/port-social-networking-study.html (acessado em 22/set/2009).

7. Allison Fine, "Washington Post Disses Facebook", A. Fine Blog, post comentado por Ivan Booth em 22/abr/2009, http://afine2.wordpress.com/2009/04/22/wash-post-disses-causes-on-facebook/ (acessado em 4/set/2009).

8. Beth Kanter, "Four Things I learned from NTEN Ask Expert Joe Green from Causes (and One Thing I Didn't)" Beth's Blog, http://beth.typepad.com/beth_blog/2009/08/four-thongs-i-learned-from-nten-ask-expert-with-joe-green-from-causes-and-one-thing-i-didnt.html (acessado em 21/set/2009).

9. Rob Birgfeld, "A Facebook Success Story from the Lupus Fondation of America", SmartBlog on Social Media, 28/jul/2009, http://smartblogs.com/socialmedia/2009/07/28/a-facebook-success-story-from-the-lupus-fondation-of-america/ (acessado em 10/set/2009).

10. Beth Kanter e Allison Fine, "The Giving Challenge: Assessment and Reflection Report", A Fundação Case, 22/jun/2009, http://www.casefoundation.org/case-studies/giving-challenge (acessado em 15/set/2009).

11. Beth Kanter, "How Do You Measure The Success of Dog-to-Person Fundraising on Social Networks? Dollars or Doggie Treats?" Beth's Blog, 15/fev/2009, http://beth.typepad.com/beth_blog/2009/02/how-do-you-measure-the-success-of-dog-to-person-fundraising-on-social-networks-dollars-or-doggie-tre.html (acessado em 14/out/2009).

12. Peter Dietz, "How Will Your Nonprofit Raise Money in 2012?" My Social Actions, 20/nov/2008, http://my.socialactions.com/profiles/blogs/how-will-your-nonprofit-raise (acessado em 5/mai/2009).

13. Beth Kanter, "Pop Teach Fellows Program: Reflections" Beth's Blog, 20/out/2009, http://beth.typepad.com/beth_blog/2009/10/poptech-fellows-program-reflections.html (acessado em 21/out/2009).

14. C. Richards e T. Subak, entrevista com Allison Fine e Beth Kanter, 30/jul/2009.

15. Stacey Monk, "A Conversation with Allison Fine", The Epic Change Blog, 05/ago/2009, http://epicchange.org/2009/08/05/a-conversation-with-allison-fine/ (acessado em 9/set/2009).

16. Shannon Moriarity, "Choosing Streets Over Shelter", Change-Org Blog, End Homelessness, 10/dez/2008, http://homelessness.change.org/blog/view/choosing_streets_over_shelter (acessado em 18/set/2009).

17. Ben Rattray, e-mail pessoal para Allison Fine, 9/set/2009.

18. Valdis Krebes, "Finding the Flippers", The Network Thinker, 14/jun/2009, http://www.thenetworkthinker.com/2009/06/finding-flippers.html (acessado em 8/ago/2009).

19. Beth Kanter, "A Round Up of Food Charities and Causes to Fight Hunger" Beth's Blog, 22/nov/2009, http://beth.typepad.com/beth_blog/2009/11/a-round-up-of-f.html (acessado em 14/ago/2009).

20. FreeRice Website, http://www.freerice.com/totals.php (acessado em 14/set/2009).

21. Help the Honey Bees, http://www.experienceproject.com/helpthehoneybees (acessado em 9/set/2009).

22. Beth Kanter e Allison Fine, "The Giving Challenge: Assessment and Reflection Report", A Fundação Case, 22/jun/2009, http://www.casefoundation.org/case-studies/giving-challenge (acessado em 15/set/2009).

23. Beth Kanter, "Philanthropy 2.0 Results Published on Mashable". Beth's Blog, 29/mar/2009, http://beth.typepad.com/beth_blog/2009/03/philanthropy-20-study-results-published-on-mashable.html (acessado em 12/out/2009).

24. Red Nose Day Website, http://www.rednoseday.com (acessado em 15/set/2009).

Governando por meio de Redes

capítulo
ONZE

A governança é crucial para o sucesso organizacional. Ela é o mecanismo pelo qual pessoas de fora podem obter uma visão crítica das operações e fornecer especialidade, conexões e suporte financeiro. Comissões de diretores existem primariamente para salvaguardar as organizações e desenvolver caminhos em direção a um futuro incerto. Infelizmente, uma quantidade significativa de dados sugere que essas comissões não estão desempenhando bem essas funções.

Tais dados indicam uma profunda insatisfação dos executivos do Terceiro Setor e membros do conselho com a efetividade de seus conselhos. As pesquisas também mostram um crescente abismo entre os conselhos e as organizações que eles servem. Contudo, ainda persistem as presunções sobre como essas comissões de diretores devem se parecer e se estruturar – ainda que elas tenham se provado ineficazes no trabalho de guiar suas organizações. Essa visão fossilizada e a mútua infelicidade que resulta dela se somam a um desempenho que se mantém acorrentado ao dever, com muitas comissões simplesmente servindo apenas como um sistema para dar autorizações automáticas aos membros da equipe.

Usar bem a mídia social pode permitir que os conselhos e as organizações que estão presas ao passado se conectem com comunidades mais amplas de pessoas em busca de input e liderança. Neste capítulo, iremos discutir por que a lacuna entre os conselhos e as organizações os torna ineficientes, e sublinhar maneiras pelas quais a mídia social pode abrir a governança, torná-la mais representativa para as comunidades que a organização serve e melhorar sua liderança.

Começaremos comparando as experiências de um modelo de gestão tradicional de baixa eficácia, com a projeção de um modelo que funciona mais como uma rede social.

DOIS CENÁRIOS PARA GOVERNANÇA

Aqui vai uma cena bastante familiar:

Todas as manhãs, Joe abre o calendário em sua área de trabalho para rever seus compromissos e se aprontar para o dia que está por vir. A reunião do almoço de hoje lhe dá uma sensação familiar de estar afundando – um sentimento que tem toda primeira quinta-feira do mês, quando é hora da reunião Salve Nosso Rio. Joe sabe, por causa de seus dois anos no conselho, que a reunião de hoje irá culminar de uma forma idêntica às oito anteriores.

As reuniões Salve Nosso Rio ocorrem na escura e almofadada sala de conferências Augusto, Régio & Venerável, onde Henry Robbins, o diretor, é sócio. Como fundador, Henry está ocupando pelo décimo quarto ano aquela posição. Joe o encara como um monarca. Toda reunião é uma peça de teatro kabuki muito bem orquestrada. Todas as pessoas sabem precisamente o que fazer, quando falar e até mesmo onde sentar. De forma geral, nada espontâneo ou surpreendente acontece. Em particular, verdades desconfortáveis, como a diminuição do público no maior evento da organização, o dia anual da limpeza, são evitadas.

Henry passa a agenda: um relatório de boas-vindas escrito por ele, as atualizações do diretor executivo, o relatório do comitê de levantamento de fundos, os relatórios financeiros, velhos negócios, novos negócios, a aprovação de protocolos e prorrogações. Joe encara os velhos negócios como uma experiência de vinte minutos particularmente tediosa. É a categoria que engloba todas as conversações circulares sobre recrutar novos membros para o conselho administrativo e a apelação regular para os membros atuais que ainda precisam dar suas contribuições anuais. Uma vez que, na verdade, dar nomes aos bois seria desconfortável, Henry faz o seu prático e educado solilóquio sobre a necessidade de todo mundo cooperar e dar suporte ao Salve Nosso Rio.

O principal trabalho de Joe, assim como o dos outros catorze membros de confiança, é solenemente acenar com a cabeça e concordar com a tríade sagrada:

198 Mídias sociais transformadoras

Henry, o tesoureiro Roy Fuller e, em particular, a verdadeira fonte de poder, Sandra Holloway, a fundadora e diretora executiva. A regra velada do conselho é que "Sandra obtém o que Sandra quer", baseada na proposição de que é ela mesma quem faz todo o trabalho diário.

No começo Joe estava bastante animado para se juntar ao conselho, e ele ainda admira a organização. Contudo, uma vez que havia se juntado, tornou-se claro que o trabalho verdadeiro de um membro do conselho é pedir aos seus amigos que preencham cheques para a organização. De boa-fé, Joe, no começo tentou reunir alguns amigos para doar, mas o seu coração não estava de fato no ato. Agora ele tenta contribuir nas reuniões e espera que o seu período no exercício do cargo termine.

Agora vamos imaginar como o conselho de diretores do Salve Nosso Rio poderia funcionar como parte de uma organização sem fins lucrativos conectada:

A reunião de hoje é conduzida utilizando um formato híbrido que combina o presencial com encontros on-line. O conselho de diretores produz o componente on-line com uma simples Webcam para transmitir a reunião. Mas essa não é simplesmente uma transmissão de via única. Pessoas em qualquer lugar podem participar da reunião por meio da função chat ou de uma conversação contínua sobre a reunião no Twitter. Um voluntário especialista em tecnologia se ofereceu para ajudar a monitorar esses canais e responder às questões técnicas.

Joe se lembra do último encontro no qual houve tantas mensagens no Twitter que a discussão se tornou um dos tópicos mais quentes em toda a rede. Na verdade, dez participantes das conversações do Twitter se juntaram ao grupo de jovens profissionais da empresa como resultado.

Joe tem trabalhado com um ativo comitê de nove pessoas sobre o problema dos novos aditivos derivados de material orgânico que estão aparecendo nos estuários de águas frescas por toda a costa e entrando nos rios. Participar em diversas videoconferências com os membros do conselho e outros sobre esse crescente problema deu-lhe novas forças. Como resultado, seu comitê passou os últimos meses reunindo dados e pesquisando sobre o assunto, usando uma plataforma wiki para armazenar, compartilhar as informações e desenvolver em conjunto um plano de ação. Também discutiram sobre formas de se conectar com especialistas no assunto, alguns dos quais podem querer participar das discussões ou do conselho, no futuro. Os membros do comitê usaram suas táticas no LinkedIn e no Twitter para procurar por conjuntos de habilidades específicas de que precisavam, e Joe está orgulhoso de ter recrutado três especialistas de classe mundial para participar virtualmente na reunião de hoje.

Algumas horas antes da reunião, Joe recebe uma mensagem de Sally Rundgren no Twitter. Ela escreve que está muito interessada em se juntar à reunião de hoje. Ótimo, ele pensa, Sally pode emprestar seu conhecimento como uma das principais *designers* de *videogame* para *smartphones*. O conselho havia discutido na última reunião a necessidade de recrutar um conselheiro para uma nova estratégia de envolvimento por meio de celulares. Eles querem explorar o desenvolvimento de um aplicativo para iPhone, no qual as pessoas limpem um rio virtual e ganhem pontos. Seria um excelente veículo para ensinar os jovens sobre o frágil estado ecológico do rio ao mesmo tempo que apresentava a organização para eles.

Ao meio-dia, Joe entra para a reunião presencial e vê que a discussão no chat e as mensagens do Twitter são projetadas no monitor pendurado na parede. A diretora Nancy Bracken dá início à reunião. Quinze membros do conselho estão presentes, com muitas outras pessoas participando por meio do bate-papo – por volta de 50 presenças no total. Alguns indivíduos foram recrutados por membros do conselho, enquanto outros simplesmente escutaram falar da reunião e decidiram fazer parte dela.

Nancy começa a reunião solicitando que os participantes virtuais coloquem suas localizações no Google Maps e depois no Website da organização, de forma que todos tenham um senso da diversidade geográfica do grupo. Isso é particularmente importante para o Salve Nosso Rio, uma vez que as áreas que têm mais necessidade de serem limpas afetaram de forma desproporcional uma comunidade de baixa renda localizada próxima a uma fábrica de tintas abandonada. Joe está encantado ao ver três pessoas participando da biblioteca local de seu bairro.

Mas os participantes não são apenas residentes locais. Joe repara que a pessoa da Índia que o havia contatado pelo Facebook na semana passada, que é membro do conselho de uma organização similar em seu país, também está participando. Ela quer aprender mais sobre a operação do Salve Nosso Rio e como a organização tem sido capaz de trabalhar de forma tão hábil com agências governamentais e corporações para limpar o rio.

A agenda é postada em uma área do Website dedicada à governança e é amplamente compartilhada e discutida antes das reuniões em diversos canais de mídia social. A pauta definitiva foi moldada pelo input e pelas sugestões da comunidade on-line. A mesma área do site também armazena relatórios financeiros e do comitê, protocolos passados do conselho, links para outras organizações e referências.

Durante a reunião, o chat on-line se torna vivo com conversações sobre a reunião e a pauta. Em particular, o assunto sobre os novos aditivos – o primeiro item da pauta – é quente. O plano é que Joe apresente a pesquisa e as descobertas de seu comitê. Uma pessoa de sua equipe irá então apresentar sugestões específicas sobre como a organização pode abordar esse assunto. Depois, outra organização ambientalista local discutirá como ela pode alinhar melhor o seu trabalho com o da Salve Nosso Rio, enquanto o representante do gabinete do governador participará por meio do Skype, um serviço grátis de videoconferência, na pauta que trata da política estadual para a limpeza dos rios.

Nancy se vira para Joe e diz: "Ok, Joe, sua vez!"

Esse cenário ilustra a variedade de formas pelas quais os conselhos podem abrir processos para permitir a presença de mais vozes e de forma mais significativa. Um conselho que trabalhe como uma rede recebe novas ideias e energia de pessoas de fora da organização. A conectividade que as redes sociais oferecem tem o potencial de transformar radicalmente como os conselhos liderarão e supervisionarão as organizações no futuro.

É claro, nem todos os conselhos estão preparados para adotar essa abordagem de redes imediatamente e, pelo contrário, precisarão caminhar uma polegada por vez. Nós somos a favor dessa abordagem, já que se desfazer de alguns modelos de governança que estejam impregnados não é tarefa fácil. Vamos começar examinando por que a atual abordagem não é sustentável.

DISSONÂNCIA DA GOVERNANÇA

Existem diversos tipos de conselhos ineficientes. Um é o Conselho Rubber Stamp,[*] em que se espera que a comissão aprove os planos e desejos da equipe. Os

---

[*] Rubber Stamp: expressão em inglês que designa pessoa sem nenhuma autoridade, que apenas acata decisões tomadas por outras pessoas. (N. T.)

outros são o Conselho Muddle-Through,* que carece de forte liderança tanto do conselho quanto da equipe, e o Conselho Fiduciário, que foca quase que inteiramente em relatórios financeiros e orçamentos.

Todos os tipos partilham dessas características: falta de diversidade, liderança pobre e cultura de fechamento que não permite a existência de discussões reais e input vindo de fora. Apesar de ser chocante, a composição dos conselhos não mudou de forma significativa em gênero, raça e profissão ao longo das últimas décadas. As pesquisas mostram o seguinte:

- Os conselhos das organizações sem fins lucrativos são compostos por 86% de brancos, 7% de negros, 3% de hispânicos, 2% de asiáticos e 2% de outros.[1]

- Quanto maior for o orçamento de uma organização, maior o percentual de homens como membros do conselho.[2]

- Para organizações cujos constituintes sejam mais de 50% afro-descendentes, os seus depositários são 18% afro-descendentes. E, das organizações constituídas por mais de 50% hispânicos ou latinos, 32% delas não têm hispânicos ou latinos em seus conselhos.[3]

Amigos continuam a recrutar amigos e as organizações ficam felizes em tê-los. O resultado é que os conselhos tendem a se constituir de pessoas que são socialmente parecidas e que com frequência até têm uma mesma origem cultural. Uma analogia com um clube de campo acaba sendo inevitável.

Uma composição estagnada de um conselho cria um abismo grande e crescente entre os quadros que governam, as organizações e a comunidade a que servem. Judy Freiwirth, especialista nacional e consultora de conselhos administrativos para o Terceiro Setor, escreve: "Como os conselhos podem se envolver com um trabalho verdadeiramente significativo e tomar decisões de governança mais eficientes baseadas em um ambiente de mudanças, se estão quase que completamente fora de contato com as pessoas que representam?"[4]

O desempenho desses conselhos homogêneos também é pobre. Por exemplo:

---

*Muddle-Through: expressão que designa o ato de encontrar meios de escapar de um problema ou assunto. (N. T.)

- Oitenta por cento dos membros do conselho se juntam à organização porque a missão dela se coaduna com seus interesses pessoais. Entretanto, somente 36% dispõem das habilidades profissionais necessárias e 18% têm especialidade no campo organizacional.

- CEOs dão aos seus conselhos C+ em planejamento estratégico e no monitoramento da performance organizacional, entendendo os papéis e as responsabilidades do conselho nas relações comunitárias e no alcance de doação aos necessitados.

- Os mesmos CEOs dão a nota C para seus conselhos na arrecadação de fundos. Outro estudo descreveu 29% dos conselhos como "muito ativos" nessa área, enquanto 35% foram classificados como "nem um pouco ativos".[5]

Esses tipos de resultados levaram a equipe de pesquisa composta por Chait, Ryan e Taylor a perguntar: "Por que existe tanta retórica que especula sobre a significância e a centralização dos conselhos administrativos, porém tantas evidências empíricas de que os quadros são apenas marginalmente relevantes ou intermitentemente consequentes?"[6]

Os membros do conselho são, em geral, pessoas educadas que querem se enquadrar, criando uma cultura de normas de deferência à presidência que garantem que o barco nunca afunde.[7] Como resultado, há muita concentração de poder nas mãos de poucas pessoas. Nada acontece de fato nas reuniões do conselho porque nada deveria mesmo acontecer. Mas algo *precisa* acontecer, porque é difícil para as organizações navegar nas águas turbulentas da incerteza sem ter uma boa governança. Alguém tem que decidir sobre o futuro delas. Então quem está mostrando o caminho? A equipe.

O aumento do grupo de trabalho profissional em organizações do Terceiro Setor trocou de lugar o papel da equipe com o do conselho. Os conselhos se tornaram menos poderosos e mais tecnocráticos, à medida que equipes profissionais dirigem a estratégia. Chait, Ryan e Taylor escrevem sobre essa conjuntura histórica: "A verdadeira ameaça à governança de organizações sem fins lucrativos pode não ser um conselho que microadministra, mas um conselho que microgoverna, preocupado com uma versão técnica e gerencial de curadoria, enquanto se cega para a governança como expressão de liderança".[8]

Não é para presumir ou inferir que as intenções da equipe sejam más. É simplesmente muito difícil para qualquer um, imerso em uma organização, ter uma visão mais ampla e identificar as tendências e os eventos que mostrem os caminhos bem-sucedidos que estejam à frente. Por outro lado, as pessoas da equipe estão interessadas em manter os próprios meios de vida, o que as tornam advogados pouco confiáveis para mudar a direção da organização. Como escreve David Renz, um acadêmico que estuda arquitetura de governança no Terceiro Setor: "...governança é uma função, e um quadro é uma estrutura."[9]

Com frequência, a composição e o desempenho de conselhos ficam engessados porque as entidades presumem que têm pouca escolha em como podem se organizar e operar. Entretanto, seguindo as *Regras de ordem de Robert*,* é uma escolha, não uma obrigação. As organizações também podem fazer uma escolha para abrirem seus conselhos a uma abordagem de rede.

GOVERNANÇA POR MEIO DE REDES

Em *Reframing governance*,** David Renz argumenta que a resolução de problemas da comunidade precisa ocorrer em um "nível metaorganizacional". Colocar os argumentos de Renz lado a lado com o baixo desempenho dos conselhos tradicionais e a necessidade que as organizações têm de reposicionar seus esforços de governança é algo que impõe uma maior urgência. E, como medida adicional, a atração exterior da mídia social está tornando nubladas as fronteiras de todas as partes das organizações, incluindo os conselhos administrativos.

Nós reconhecemos o quanto organizações podem se sentir desamparadas a esta altura. Usar os termos *governança* e *redes sociais* na mesma sentença pode soar assustador. Já escutamos diretores executivos dizerem que usar um blog para discutir um novo programa ou um evento para arrecadar fundos tudo bem, mas

---

* Livro cuja edição definitiva foi lançada em 1915 após diversas mudanças e que contém um conjunto de regras que deve ser adotado por uma autoridade parlamentar. (N. T.)

** Reestruturando a governança, tradução literal. (N. T.)

usar o Twitter para reportar encontros em tempo real é loucura. Procurar por membros do conselho ao fazer contatos com estranhos no LinkedIn, ou pedir que o público eleja os novos membros ou postar a missão da organização no Facebook e solicitar input? Nunca! Mas a necessidade de governar diferentemente é demasiada grande para que as organizações permitam que o medo as paralise.

As organizações e seus conselhos devem se engajar com seus ecossistemas, pessoas que conhecem mais sobre seu trabalho, para traçar seus cursos. Essas vozes e conversações não são periféricas às discussões de governança, mas um caminho fundamental para que as organizações administrem seu futuro. Elas podem começar as conversações usando quaisquer canais que se sintam mais confortáveis, e isso inevitavelmente levará a mais conversas e a mais oportunidades para obter input.

Na prática, noção de governança pela rede constrói processos de governança ponto a ponto que funcionaram bem no desenvolvimento de projetos de software de códigos abertos, como o Linux e o Drupal. De acordo com a Fundação P2P, as características-chave para esses processos de governança incluem:

Anticredencialismo
A ideia de que qualquer um pode participar independentemente do título e da posição.

Sistemas de escolha coletiva
O grupo faz suas escolhas de forma democrática.

Validação pública
Os produtos e as escolhas do grupo são abertos ao escrutínio e à revisão do público.

Desenvolvimento aberto
Redução de portas fechadas e de lugares secretos, ou seja, o projeto inteiro é desenvolvido de forma transparente.[10]

Os princípios de governança ponto a ponto têm sido aplicados às comunidades on-line tanto quanto às redes de organizações. Eles também podem informar e guiar a abertura das práticas de governança das organizações sem fins lucrativos individuais.

GOVERNANDO COMO UMA REDE: UM COMEÇO

A governança por redes pode começar a funcionar sem quaisquer mudanças na estrutura do conselho. Aqui estão algumas maneiras pelas quais os conselhos podem trabalhar para serem redes sociais:

Crie uma rede social privada

Os conselhos precisam praticar a partilha de informação on-line e travar conversações diretamente uns com os outros, não somente por meio da reunião. O Ning é uma ferramenta on-line grátis que cria redes sociais privadas com esse propósito. As redes on-line também permitem que membros mais tímidos do conselho participem das conversações de uma forma que poderia ser-lhes desconfortável nas reuniões presenciais.

Junte-se a uma rede social pública

Love Without Bondaries, uma organização composta somente de voluntários, tem um conselho de governança de sete pessoas. Todos têm perfis no Facebook e são membros da página que a organização tem nele. Lá, os membros podem ter conversações mais casuais. Isso também permite que eles sirvam como embaixadores da organização para outras pessoas presentes no Facebook.

Crie um convite aberto para as reuniões do conselho

Anuncie reuniões do conselho no Website da organização e convide todos a comparecer. Essas presenças também não precisam permanecer caladas, mas podem participar das conversações, mesmo sem terem direito a voto. Forneça um número telefônico que permita que qualquer pessoa entre em contato e escute a reunião. Transmita a reunião ao vivo on-line. É claro, conselhos ainda têm o direito de se encontrar em reuniões privadas para discutir assuntos sensíveis, mais pessoais, mas a maior parte das conversações seria enriquecida com a presença de mais vozes.

Poste rascunhos de pautas on-line

Os conselhos podem abrir as suas pautas para sugestões de outras pessoas. Essas pautas devem ter algum espaço vago, oportunidades para fazer *brainstorms* e pensamento criativo para permitir que as pessoas pensem e divaguem juntas. Trabalhar com agendas fechadas faz parte de uma mentalidade que torna as reuniões de conselhos e seus resultados frequentemente irreversíveis.

Treine membros do conselho no uso da mídia social e na tecelagem de redes

As organizações devem esperar que todos os membros do conselho sejam, ou desejem se tornar, íntimos do *kit* de ferramentas de mídia social, de forma que possam se envolver em discussões on-line sobre a organização e seu trabalho. Afinal, a tecelagem de redes não faz parte da descrição de apenas um tipo de trabalho. Se todos os membros do conselho se tornarem fluentes em mídia social, eles podem começar e facilitar conversações por meio de múltiplos canais.

Encontre algum lugar novo

Reuniões do conselho não têm de acontecer dentro de salas fechadas. Grupos podem se encontrar em bibliotecas públicas, escolas ou centros comunitários para tornar a presença a essas reuniões mais convenientes às outras pessoas.

Compartilhe informações e dados

As organizações devem criar um novo conjunto-padrão para compartilhar o máximo de informações possíveis com o público. Quanto mais informações as pessoas de fora tiverem, melhor poderão prestar assistência. Reter informações vitais como relatórios financeiros e fiscais marginaliza o público. Nós já escutamos as preocupações de organizações de que o compartilhamento de informações sensíveis, como um orçamento que mostre que a organização está tendo um mau desempenho, irá prejudicar a arrecadação de fundos. Mas, em nossa experiência, as pessoas respondem generosamente quando as organizações com as quais elas se importam precisam de ajuda. Mas não respondem quando se sentem deixadas de lado e em segundo plano.

Adicionalmente a essas mudanças de hábitos, as organizações podem considerar mudanças estruturais para se abrirem a suas redes. Por exemplo, em outubro de 2009, o Comitê Judaico Americano optou por mudar de comitês de posicionamento para comitês específicos, tanto em eventos nacionais quanto locais. Isso deu à entidade maior flexibilidade em termos de quais assuntos os conselhos iriam se focar em cada ano e os desprendeu de ter a mesma conversação todo ano, permitindo que criassem programas específicos de maior interesse imediato para os membros de suas redes.

Posteriormente, essas mudanças precisam culminar em formas melhores e mais eficientes de governança. Chait, Ryan e Taylor descreveram três modos de governança em seu livro *Governança como liderança*: fiduciário, estratégico e generativo. Conselhos de governança eficientes, de acordo com os autores, são adeptos a todos os três modos. Nós somos familiarizados com os modos fiduciário e estratégico, mas o que significa governança generativa?

O modo generativo é o processo de buscar do lado de fora e dar sentido ao mundo como ele é em como virá a ser. Não tem a ver com se focar e desenvolver novos serviços e produtos. Ao contrário, tem a intenção de orientar uma organização para o seu ecossistema, e de ajudá-la a entender as mudanças e tendências em desenvolvimento e a lidar com um mundo que está cada vez mais fluido e conectado.

Usar uma abordagem de rede para a governança permite um pensamento generativo, porque faz que mais pessoas forneçam diferentes perspectivas sobre o trabalho de uma organização e o estado do mundo que as cerca. Vamos imaginar a governança conectada trabalhando de forma generativa.

Sharon trabalha para a Empregos na Cidade em River City, uma organização que treina jovens para a prática de trabalhos tecnológicos. Sharon participou de três treinamentos sobre mídia social e tecelagem de redes que a organização ofereceu em conjunto com sua agência-irmã, Empregos Para Todos, também baseada em River City.

Como parte do último treinamento, Sharon fez um *brainstorm* junto aos outros membros do conselho e voluntários presentes, sobre um tópico que ela gostaria de tecer. O que a interessa mais é como manter os jovens na cidade após terem terminado o ensino médio.

O grupo pensa sobre quais tipos de pessoas precisam fazer parte dessa conversação: os jovens, os estudantes, a Câmara do Comércio, as grandes redes como a Target e a Home Depot, as congregações que estejam observando a faixa etária de seus membros e o conselho da cidade, que está vendo sua base de arrecadação de impostos diminuir.

Quando Sharon chega em casa depois do último treinamento, envia e-mail para pessoas que ela e outros colegas seus sabem que representam esses grupos. Pergunta-lhes se gostariam de estar em uma conversação sobre como tornar a cidade mais atrativa para os jovens, e também consulta quem mais poderia tomar parte em uma conversa dessas. Ela recebe respostas de metade das 22 pessoas que havia contatado, e nessas respostas conhece outros dez grupos e pessoas que estão interessados, impactados ou trabalhando neste mesmo assunto.

Alguém menciona um blog local dedicado a este tópico. Outro pontua que o Secretário de Desenvolvimento Econômico da cidade tem um grupo de trabalho sobre o assunto, e que eles deveriam se conectar. Sharon manda um *feedback* para o grupo sobre tudo o que ela escutou e pergunta se eles pensam que fazer um blog sobre o tema é uma boa ideia. Diversos dizem que um blog não, mas sugerem uma conversação no MySpace, onde estão muitos dos jovens que eles querem atingir.

Essas conversações continuam on-line e em reuniões com o conselho. Os resultados são uma clareza maior e *insights*. A organização pode se conectar com mais pessoas que têm uma variedade de experiências e ideias para compartilhar. Talvez um programa específico ou atividades surjam, talvez não. Mas este não é o ponto. A meta dessas conversações é conectar Sharon e o grupo com o ecossistema mais amplo em River City e descobrir coletivamente quais são as melhores formas para mudar a polaridade dos jovens que terminam os estudos no ensino médio.

CONCLUSÃO

As organizações precisam mudar suas presunções sobre a composição do conselho administrativo, quem elas convidam para compô-lo e por quê. E mais, elas precisam perceber que são responsáveis por suas comunidades, e não apenas agem em nome delas. Enquanto isso, os conselhos devem pensar sobre a função que exercem de forma diferente, mas só podem fazer isso se estiverem fundamentalmente compostos por diferentes tipos de pessoas. Seja como for, é hora de sair de dentro da sala de reuniões e ir para a comunidade.

Governar como redes sociais preenche a lacuna que existe entre os conselhos e as comunidades a que as organizações servem, pois engaja pessoas do próprio ecossistema, que conhecem mais sobre o trabalho e a comunidade do que os próprios membros do conselho. Ajuda a equipe a focar seus esforços no futuro, e não somente no presente opressor. Com alguma coragem, muita perseverança e boa vontade dos membros do conselho e dos participantes da comunidade dispostos a trabalhar juntos e de forma diferenciada as organizações podem mudar seus hábitos de governança.

QUESTÕES PARA REFLEXÃO

- Quais informações sobre os resultados de sua organização você pode compartilhar por meio da mídia social?

- Que programas de informação ou informação estratégica para o levantamento de fundos você pode compartilhar nos estágios iniciais para obter *feedback*, testar conceitos e ideias para programas e assim por diante, logo no começo dos processos de desenvolvimento?

- Que mudanças nos estatutos você precisa fazer para tornar o seu conselho mais acessível?

- Qual é a experiência com mídia social do seu conselho atualmente? Quem dentro dele pode modelar o uso da mídia social para governar?

- Quem mais você encontrou por meio das redes sociais que poderia se envolver no processo de governança de sua organização?

- O seu comitê nomeado está procurando sangue novo por meio de "amigos" de membros do conselho ou em outros lugares como o LinkedIn? O seu conselho ao menos está no LinkdIn? Eles o estão usando de forma profissional em nome da organização?

NOTAS

1. BoardSource, "Nonprofit Governance Index", http:www.boardsource.org/Spotlight.asp?ID=116.369, p. 8 (acessado em 6/mai/2009).

2. Francie Ostrower, "Nonprofit Performance in the United States, Findings on Performance and Accountabilty from the First National representative Study", The Urban Institute, Center on Nonprofits and Philanthropy, http://www.urban.org/publications/411479.html (acessado em 12/out/2009).

3. Francie Ostrower, "Nonprofit Performance in the United States, Findings on Performance and Accountabilty from the First National representative Study", The Urban Institute, Center on Nonprofits and Philanthropy, http://www.urban.org/publications/411479.html (acessado em 12/out/2009).

4. Judy Freiwirth, "Transforming the Work of the Board: Moving Towards Community-Driven Governance", *Nonprofit Board and Governance Review,* 15/dez/2005, p. 2.

5. BoardSource, "Nonprofit Governance Index", http:www.boardsource.org/Spotlight.asp?ID=116.369, p. 8 (acessado em 6/mai/2009).

6. Richard P. Chait, William P. Ryan e Barbara E. Taylor, *Governance as leadership: reframing the work of nonprofit boards,* BoardSource and John Wiley & Sons, Hoboken, Nova Jersey, 2005, p. xvi.

7. Peter Dobkin Hall, "A History of Nonprofit Boards in the United States", BoardSource e-Book, 2003, p. 4, http://www.boardsource.org/Knowledge.asp?ID=2 (acessado em 12/mai/2009).

8. Chait, Ryan e Taylor, *Governance as leadership,* pp. 4-5.

9. David O. Renz, "Reframing Governance", *Nonprofit Quarterly*, Inverno de 2006, p. 8.

10. Peer to Peer Foundation Wiki, "Category: Governance", http://p2pfoundation.net/Category:Governance (acessado em 12/mai/2009).

CONCLUSÃO

Com frequência nos pedem para prever o futuro do Terceiro Setor e da mídia social. Esta é, obviamente, uma tarefa impossível. O futuro nunca é um caminho linear a partir de onde nós estamos neste exato momento. O futuro da mídia social, particularmente, é um território inóspito para ser preconizado, porque os criadores individuais da mídia social e os usuários o modelam com muita facilidade.

Ainda assim, nós sabemos algumas coisinhas sobre o futuro.

Sabemos que o poder continuará a mudar das mãos das instituições para a dos indivíduos. O uso da mídia social continuará a se espalhar, o que significa que as habilidades das pessoas em se conectarem umas com as outras, criarem e compartilharem conteúdo, e se organizarem em prol de causas irão expandir. Organizações sem fins lucrativos irão usar a mídia social, cometerão erros, aprenderão com eles, compartilharão suas experiências, construirão relacionamentos e irão se reinventar ao longo do caminho. E nós sabemos que a paixão que as pessoas têm para corrigir o que está errado e dar suporte às comunidades e seus semelhantes jamais sairá de moda.

Como o humorista norte-americano James Thurber escreveu: "É melhor saber algumas das questões do que todas as respostas". Nós estamos interessados em continuar a tentar responder a essas perguntas no futuro:

Marnie Webb, CEO da TechSoup Global, perguntou: "O que todos os blogs, os cliques, as 'amizades' irão conseguir somar no final?"[1] Nós sabemos que milhões de pessoas usam a mídia social para se conectar com as outras em torno de causas, mas que diferença isso pode fazer exatamente? Isso ajudará mais pessoas necessitadas? Ajudará a criar leis melhores? Levantará mais fundos para as pesquisas médicas? É cedo demais para dizer se e como os resultados de organizações sem fins lucrativos conectadas irão diferir de suas predecessoras, mas não cedo demais para fazer as perguntas e tentar determinar as respostas.

As fundações irão investir em redes em vez de em outras organizações?

Os patrocinadores dão apoio a uma organização por vez ou a uma colaboração formal de diversas organizações – um modelo bastante diferente de levantar fundos para uma rede de organizações e indivíduos. A Fundação David e Lucile Packard, entre outras fundações, tem dado uma olhada mais profunda nessa questão de como apoiar melhor as redes de organizações sem fins lucrativos.[2] A Fundação Case experimentou várias estratégias de capitalização para alavancar patrocínios para as organizações e afiar as suas próprias habilidades e estratégias de mídia social. Mas esses são apenas dois exemplos; mais fundações também precisam explorar esse território.

Qual será o comportamento dos Milenniais quando eles tomarem o controle das organizações?

Milenniais como Ben Rattray, fundador da Change.org, e Stacey Monk, cofundadora da Epic Change, estão criando as suas próprias organizações sem fins lucrativos conectadas. Mas como os milenniais irão reimaginar as organizações tradicionais à medida que as herdarem? Eles irão perder o zelo em mudar as organizações de dentro para fora quando o puxão gravitacional das instituições avessas ao risco fizer deles prisioneiros? Ou eles irão aplaná-los e se abrir para o mundo de formas que nós sequer imaginamos?

Na história recente, organizações sem fins lucrativos foram em direção a manter-se atrás de portas fechadas. Algumas trabalharam muito para manter as suas comunidades a distância ao forçarem mensagens e ditarem estratégias sem escutar ou construir relacionamentos. Esses hábitos e passos errados machucam e limitam as organizações e suas comunidades. Agora nós temos a oportunidade de mudar essa trajetória.

214 Mídias sociais transformadoras

Para mudar o curso, o primeiro e talvez o mais difícil passo é os líderes organizacionais superarem o medo de perder o controle. A mídia social aplaina o mundo; ela também o torna menos previsível e controlável. Os líderes do Terceiro Setor podem ter sucesso nesse novo mundo ao fazerem a transição de entidades isoladas para as energizadas pelas redes sociais em decorrência da abundância de recursos que existem no ecossistema.

Encontre um amigo

Como mencionado no Capítulo Sete, "Tornando as organizações sem fins lucrativos mais simples", é importante que as pessoas que estão galgando seu caminho para a mídia social tenham um mentor que possa agir como um guia.

Confie em sua equipe

Uma barreira para que os líderes organizacionais se soltem é aprender a confiar em sua própria equipe. O sistema padrão das organizações precisa mudar de controle e falta de confiança, para aquele que confia. Ter políticas de mídia social guia as equipes para aquilo que é esperado delas e para o que é considerado um comportamento aceitável. Mantenha discussões internas sobre políticas e expectativas da equipe, e esclareça qualquer má interpretação que ela possa ter. Além disso, entretanto, as organizações precisam permitir que a equipe se solte para que elas tenham conversações com pessoas sem um roteiro. Relacionamentos só podem ser construídos por meio de conexões pessoais. Equipes e voluntários cometerão erros em público. Eles interpretarão errado os fatos e prometerão coisas que não poderão cumprir. Erros acontecem, mas muito raramente são significativos. O que é fatal para as organizações é quando elas se separam de seus ecossistemas e fingem que podem resolver seus problemas sozinhas.

Modele a mudança

Se quiser ser uma organização sem fins lucrativos conectada você precisa se comportar como uma. A modelagem garante que a mudança se infiltre em uma organização. As entidades precisam de poucas pessoas para estabelecer a norma cultural da transparência, construir relacionamentos, trabalhar com multidões em vez de ignorá-las e, acima de tudo, aprender.

Faça uma experiência

As organizações não podem se transformar do dia para a noite, mas podem encontrar pequenos lugares seguros para experimentar diferentes formas de trabalho. Elas podem identificar um evento para a arrecadação de fundos, uma conversação para facilitar ou um esforço que possa precisar da ajuda da multidão para escutar e engajar a comunidade e assim aprender como trabalhar de maneiras sociais. Tente pelo menos uma coisa, aprenda com ela e, então, tente outra.

Uma vez que não existem receitas para mudar uma organização, é urgente começar. Organizações isoladas podem sobreviver financeiramente no futuro; sua relevância, contudo, irá diminuir à medida que mais organizações e pessoas reconhecerem que trabalhar em rede é mais eficiente.

Nós somos tão ávidas quanto nossos leitores para conhecer as respostas para essas perguntas. Também estamos excitadas para saber quais são suas dúvidas. Esperamos que os leitores deste livro e dos nossos blogs se juntem a nós no endereço *www.networkednonprofit.org* para continuar a conversa e compartilhar suas histórias e o que aprenderam.

Ao que nossa jornada continua a se desenrolar, prosseguiremos observando, atuando e aprendendo com as organizações sem fins lucrativos a trabalhar como redes sociais conectadas. Continuaremos o registro de nossas aventuras, de nossos sucessos e de nossos erros enquanto elas encontram novas formas excitantes e revigorantes de construir comunidades mais fortes.

NOTAS

1. Allison Fine, "Cidadãos Sociais[BETA]", A Fundação Case, 2008. O documento completo pode ser baixado em www.socialcitizens.org (acessado em 2/out/2009).

2. Beth Kanter, "Can Networks Have Social Impact?" Beth's Blog, http://beth.typepad.com/beth_blog/2009/10can-networks-have-social-impact.html (acessado em 12/out/2009).

GLOSSÁRIO

Agentes livres: Indivíduos trabalhando fora das instituições para organizar, mobilizar, levantar fundos e se comunicar com constituintes de uma causa. Eles costumam ser em geral adeptos e confortáveis ao uso de mídia social.

Aplicativo: Aplicativos são softwares que permitem atividades construtivas ou de entretenimento. Aplicativos de desktop podem ser acessados por meio de um computador, enquanto os baseados na Web são acessados por meio de Web browsers (por exemplo, Firefox, Internet Explorer). Um aplicativo da Web popular é o Causes (arrecadador de fundos on-line pelo Facebook).

Aprendizado das sequências: Um processo iterativo intencional para monitorar, entender e melhorar os esforços de mídia social ao longo do tempo.

Astroturfing: Tentativas artificiais de construção de relacionamentos on-line, em geral feitas por uma companhia ou por indivíduos com um motivo por trás, como vender produtos ou exaltar as suas próprias reputações.

Badge: Um gráfico aplicado a uma página da Web. Badges são tipicamente usados como emblemas para promover produtos, ideias e causas e são frequentemente exibidos em blogs e perfis de mídia social. Badges com adicionais interativos (por exemplo, um relógio ou um vídeo on-line) são conhecidos como widgets. Tanto badges quanto widgets são compartilháveis; eles podem ser "apanhados" por outras pessoas e facilmente adicionados a uma nova página da Web por meio de um código.

Beirada ou periferia das redes: A parte de uma rede social que está localizada no ponto mais distante do centro. Os membros da beirada são prováveis de estarem conectados a outras redes sociais.

Blogroll: Uma compilação que um blogger faz de outros blogs que são recomendações. Blogrolls geralmente são listados na barra lateral de um blog.

Canais: Ferramentas de mídia social que são usados como veículos para conversações.

Capital social: A quantidade de confiança, reconhecimento e reciprocidade que existe quando os relacionamentos são alegres e significativos.

Carma bancário: Criação de capital social ao partilhar recursos, tempo e especialidade sem a expectativa de retorno imediato.

Centro: O grupo de pessoas que faz a maior parte do trabalho dentro de uma rede social.

Cluster: Grupos de pessoas dentro de uma rede social que se conectam umas com as outras, mas que têm poucas ligações com o resto da rede.

Crowdsourcing: Terceirizar uma tarefa para um grupo maior de pessoas que contribuem para um resultado final. Ferramentas de mídia social ajudam a envolver as pessoas em atividades crowdsourcing, como inteligência coletiva (por exemplo, We Are Media), cocriação (o concurso de vídeo da Sociedade Humana dos Estados Unidos), votar e levantar fundos (por exemplo, o American Giving Challenge).

Cultura social: Comportamentos e atitudes organizacionais derivados de um foco dirigido nos relacionamentos (em vez de foco nas transações). Uma mudança para uma cultura social confia nos atos de escutar, participar, agradecer e criar um carma bancário. A mídia social desempenha um papel significativo em promover uma cultura social generosa.

Eixos: Os eixos são os maiores nós dentro das redes, o que significa que eles são pessoas ou organizações que têm muitas conexões. Eixos são influenciadores na rede, as pessoas que conhecem e são conhecidas por todas as outras.

Elos: As conexões entre as pessoas e organizações, ou nós, em uma rede social.

Escada de envolvimento: Uma estrutura de trabalho para aprofundar o relacionamento entre as organizações e as pessoas que lhes dão suporte. Os níveis de envolvimento estão definidos a seguir:

> » **Espectadores felizes**, incluindo leitores de blogs, amigos no Facebook e conhecidos pessoais como cotrabalhadores.

» **Propagadores**, pessoas dispostas a compartilhar informação sobre uma causa com outras pessoas.

» **Doadores**, que contribuem financeiramente para uma causa.

» **Evangelizadores**, que têm ascendência sobre suas redes pessoais e pedem que outras pessoas doem tempo e dinheiro para a causa.

» **Instigadores**, que criam o seu próprio conteúdo, atividades e eventos em nome da causa. Instigadores podem até criar uma nova causa ou organização para que possam se expressar mais plenamente.

Ferramentas para escutar e medir: Ferramentas de mídia social podem ajudar a avaliar Websites e conversações on-line. A maioria é grátis, incluindo as seguintes:

» **Analíticos de sites:** São dados sobre o tráfego de um Website, como número de visitantes e visualizações das páginas. O Google Analytics é uma ferramenta analítica grátis e robusta que ajuda a analisar e aperfeiçoar Websites, incluindo blogs. O PostRank mede envolvimentos métricos adicionais em blogs, como comentários, inscrições e adições aos favoritos.

» **Favoritos sociais:** Uma forma de salvar e categorizar links usando etiquetas (tags). Enquanto tradicionalmente os favoritos são salvos no navegador da Web ou em computadores pessoais, favoritos sociais estão disponíveis em qualquer conexão na Internet. Adicionalmente, sites que ajudam o gerenciamento dos favoritos sociais (por exemplo, Delicious.com e StumbleUpon) permitem etiquetar o conteúdo a ser procurado e compartilhá-lo.

» **Google Alerts:** Atualizações regulares de e-mail que alertam quando surgem uma notícia on-line ou um post em um blog contendo palavras específicas (por exemplo, o nome de uma organização).

» **Programas de busca:** Programas que relacionam e classificam Websites para ajudar os usuários da Internet a encontrar conteúdo relevante por meio de buscas com palavras-chave. A maioria dos programas de busca favorece o conteúdo que está embutido nas URLs e se conectam e atualizam com outros Websites. Esse conteúdo costuma ter mais visibilidade na busca (uma posição mais alta nos resultados emitidos).

   – **Programas de busca tradicionais** (por exemplo, Google e Yahoo!) procuram todo o conteúdo público on-line (atual e histórico).

- **Programas de busca em blogs** procuram nos últimos seis meses de blogs e posts. Technorati e Blog Pulse são dois exemplos desses programas (Google Blogs permitirá que as pessoas encontrem conteúdo com mais de seis meses). A busca de uma palavra-chave no Technorati captura blogs e posts relacionados e fornece a lista de blogs e a "Autoridade" (o número de links dentro daquele blog).

- **Programas de busca em message boards** procuram nos últimos seis meses de discussões em fóruns, threads e posts. Os exemplos incluem BoardReader.com e BoardTracker.com.

- **Busca no Twitter:** permite que os usuários procurem por palavras-chave ou *hashtag*.

» **RSS:** Real Simple Syndication é uma ferramenta de subscrição para comunicar feeds (atualizações) de blogs e Websites específicos. **Feedburner** é uma ferramenta popular usada para rastrear o número de subscrições de blogs pessoais e organizacionais.

» **RSS readers (leitores de RSS):** Ferramentas agregadoras que coletam feeds de todos Websites que forem especificados (e-mail é outra opção). Leitores de RSS populares incluem NetVibes e Google Reader.

» **Tags (etiquetas):** Etiquetas geradas pelo usuário permitem rotular conteúdo on-line com códigos e palavras-chave. As etiquetas podem ser gerais ou específicas. Quanto maior a frequência que uma etiqueta aparecer (por exemplo, WeAreMedia), mais alta ela aparecerá nos programas de busca e sites de favoritos. No Twitter, (a convenção de etiquetas precede todas as tags com um símbolo (por exemplo, #WeAreMedia). Esses símbolos distinguem as etiquetas de outros textos twitados.

» **Tag cloud (nuvem de etiquetas):** Um lista visual de etiquetas dentro de um Website específico. Em uma nuvem, o tamanho da etiqueta é proporcional ao seu uso, com as mais populares aparecendo em tamanho maior.

Fortaleza: Um tipo de organização que é opaca e impenetrável para pessoas de fora.

Influenciadores: Pessoas (ou Websites) que têm alcance relativo, influência e capital social para mobilizar os outros. A influência pode ser medida por meio de diferentes métricas, incluindo o tamanho da rede de um influenciador, o número de comentários em seu blog, o tráfego do site, e assim por diante.

Leaderboard: Como suas contrapartes tradicionais, os leaderboards com base na Web são usados para rastrear resultados, rankings ou progressos em direção a uma meta específica.

Lei do poder da distribuição: A falta de equilíbrio entre um pequeno número de pessoas em uma rede que faz a maior parte do trabalho em um projeto e a enorme quantidade restante que faz muito pouco. Também é conhecida comumente como a lei 80/20.

Mapeamento de rede: O processo de desenhar ou mapear visualmente os componentes de uma rede social (o termo gráfico social foi usado pelo Facebook para descrever os relacionamentos entre seus membros). O mapeamento estratégico de redes identifica os nós, eixos e outras conexões, a fim de revelar oportunidades para fortalecer as redes sociais.

Mensagem instantânea: Comunicações de texto em tempo real entre uma ou mais pessoas por Internet ou celular. Apesar de essas conversações funcionarem como aquelas que ocorrem em uma sala de bate-papo, as Mensagens Instantâneas podem ocorrer em janelas *pop-up* em uma grande quantidade de Websites e funcionar como aplicativos independentes (por exemplo, Meebo).

Mensagem de texto: Enviar mensagens a partir de um telefone celular para outro através da *Short Message Service* (SMS), uma poderosa tecnologia digital usada no mercado de telefonia.

Mídia social: A comunicação entre amigos e de conteúdo gerado pelos usuários tornada possível pelo advento das ferramentas participativas da "Web 2.0" como blogs, redes sociais on-line, sites multimídia e mensagens de texto. Uma lista dos tipos diferentes de mídia social está incluída abaixo:

» **Blogs:** Diminutivo de "Web log", um blog é uma plataforma que permite a um autor (blogger) publicar conteúdo on-line. O conteúdo – texto, sejam fotos, vídeos ou podcasts – é organizado por categorias e etiquetas e pode ser visualizado no blog em ordem cronológica reversa por meio dos posts. Outras pessoas podem fazer comentários nesses posts. Existem milhões de blogs, e esse setor da mídia social costuma ser chamado de blogosfera.

» **Lista de servidores:** Uma lista de correio eletrônico que distribui mensagens para as pessoas subscritas por meio de e-mail. As listas em geral são tópicas e permitem que qualquer um possa responder ou enviar mensagens para todo o grupo.

» **Microblog:** De acordo com a Wikipedia, "Microblog é uma forma multimídia de blogar que permite aos usuários enviar atualizações de texto ou micromídia, como fotos e videoclipes, para publicá-los... Essas mensagens podem ser submetidas de diferentes maneiras, incluindo mensagens de texto, mensagens instantâneas, e-mail, áudio digital ou pela Web" (en. wikipedia.org/wiki/Micro_blog). O Twitter é uma plataforma popular de microblogging que limita o texto dos posts (tweets) a 140 caracteres.

» **Multimídia:** Conteúdo digital não baseado em texto, de mp3s a vídeos e fotos, que pode ser publicado partilhado e etiquetado on-line. Sites de compartilhamento de música incluem o Napster e o iTunes. Sites de vídeo incluem o YouTube, Vimeo e Google Video. Sites de fotos incluem Flickr, Picasa e Piczu.

» **Mundo virtual:** Um ambiente estimulado pelo computador – ou mundo cibernético – que permite ao usuário interagir com outros e manipular o ecossistema digital por meio de *avatares* personalizados (Second Life é um mundo virtual bem conhecido).

» **Quadro de mensagens:** Uma comunidade on-line hospedada em uma série de fóruns para discussão. Os participantes podem postar novos tópicos por threads e os outros podem responder por meio de comentários.

» **Redes sociais:** Comunidades de indivíduos on-line (nós) que se interconectam por meio de laços (fazendo amizade, seguindo, sendo membros de um grupo etc.). Redes sociais se formam através de muitos tipos de plataformas de mídia social, incluindo redes de blogs, listas de servidores e Google Groups. Grandes redes sociais, como o Facebook, MySpace e LinkedIn, servem uma variedade ampla de interesses e áreas geográficas. Nichos de redes sociais, como a Change.org e a rede independente Ning, são tipicamente focadas em um tópico específico.

» **Salas de bate-papo (chat room):** Um Website que permite diferentes pessoas se comunicarem por meio de mensagens enviadas em tempo real. Assim como listas de servidores, muitas salas de bate-papo se destinam a tópicos específicos.

» **Sites de revisão:** Websites que permitem partilhar opiniões, fazer listas e revisões, como Epinions e Yelp.

» **Sites sociais de novidades:** Websites como o Digg! permitem que as pessoas elejam histórias novas, listando as mais populares em primeiro.

» **Wiki:** Website que pode ser facilmente editado por muitas pessoas simultaneamente, permitindo que pensem juntas, tracem estratégias, partilhem documentos e façam planos. Wikis facilitam o microplanejamento, um processo que permite a mais pessoas participarem da criação e do planejamento de um esforço de forma muito mais barata e em períodos maiores.

Mudança social: Qualquer esforço feito por pessoas ou organizações que queiram fazer deste mundo um lugar melhor. Ela inclui esforços de advogar e de serviços diretos, assim como conversações entre pessoas fora das organizações sobre desafios que elas e suas comunidades enfrentam.

Nativos digitais: Millenniais (nascido entre 1978 e 1993) que desde o nascimento foram expostos à Internet e a uma corrente constante de tecnologias digitais.

Nós: Pessoas ou organizações conectadas em uma rede social.

Organizações sem fins lucrativos conectadas: São organizações simples e transparentes. São fáceis para que pessoas de fora entrem e para que pessoas de dentro saiam. Envolvem as pessoas no ato de moldar e partilhar o seu trabalho a fim de despertar a conscientização para assuntos sociais, organizar as comunidades para fornecer serviços ou advogar e legislar. A longo prazo, ajudam a tornar o mundo um lugar mais justo, seguro e saudável para se viver.

Política de mídia social: Guias organizacionais para participar da mídia social. As políticas com frequência incluem regras duras e breves sobre confidencialidade, negações e revelações, a fim de proteger a organização, seus funcionários e acionistas, mas deve ter a finalidade de facilitar um envolvimento autêntico e eficiente com a mídia social. Linhas gerais para blogs podem incluir os melhores preceitos. Uma política de comentário pode incluir critérios para que sejam feitos comentários em blogs (por exemplo, nada de palavras profanas).

Transacional: Um tipo de organização sem fins lucrativos que se foca primariamente em vender bens e serviços para o público, em vez de construir relacionamentos. O custo é um ponto primordial para essas organizações.

Transparente: Informações, comunicações e ações honestas e autênticas. Transparência é uma doutrina central para o envolvimento na mídia social, requerendo a revelação de filiais e inclinações que – se omitidas – poderiam diminuir a credibilidade. As organizações que têm a transparência como valor fundamental são chamadas de Transparentes.

Glossário 225

Tecer ou urdir rede: Fortalecer ou construir uma rede social ao partilhar recursos, fazer conexões e incitar conversações.

URL: Um *Uniform Resource Locator* (URL) é, de forma bem simples, um endereço na Web. Também chamado de links, os URLs são com frequência embutidos em atalhos em Websites para clique direto por meio de outros Websites.

Viral: O espalhamento rápido e orgânico de um conteúdo on-line causado pelo boca a boca.

Web 1.0: A primeira era da Internet, que começou no início dos anos 1990 com o advento da *World Wide Web* e do e-mail.

Web 2.0: A segunda era da Internet que começou no final dos anos 1990, por meio da qual a informação on-line tornou-se barata de ser estocada, partilhável e participativa, por meio do advento de ferramentas de mídia social.

RECURSOS

CAPÍTULO TRÊS
Entendendo redes sociais

Easley, David e Kleinberg, Jon. "Redes, Multidões e Mercados: Raciocinando Sobre um Mundo Altamente Conectado". *http://www.cs.cornell.edu/home/kleinber/networks-book/* (acessado em 12/jan/2010).

Kanter, Beth. "Uma Visão Geral do Mapeamento da Rede Social e Ferramentas de Análise", 29/mai/2009, *http://beth.typepad.com/beths_blog/2009/05/which-social-networking-analysis-term-best-describes-virgin-america.html* (acessado em 12/jan/2010).

Krebs, Valdis e Holley, June. "Instruções Breves Sobre a Análise de Redes Sociais", Orgnet.com. *http://www.orgnet.com/sna.html* (acessado em 12/jan/2010).

Instituto Monitor. "Trabalhar Wikily: Como as Redes Estão Mudando a Vida Social", 29/mai/2008, *http://workingwikily.net/?page_id_149* (acessado em 23/mai/2009).

Waddell, Steve. "Diagnósticos Visuais Para Mapeamento e Mudança de Escala" *http://blog.networkingaction.net/?p=271* (acessado em 12/jan/2010).

Uma variedade de ferramentas grátis ou de baixo custo pode ajudar seus amigos ou redes em sites de redes sociais:

Mailiana: Um aplicativo que analisa os seus seguidores no Twitter.

Kanter, Beth. "Usando Mailiana para Fazer uma Análise da Rede Social dos Seguidores de seu Twitter", mar/2009, *http://beth.typepad.com/ beths_blog/2009/03/new-twitter-tool-mailana-helps-me-visualize-strong-ties-in-my-network.html* (acessado em 12/jan/2010).

Touch Graph: Um aplicativo que mapeia seus relacionamentos entre amigos no Facebook. Existe uma versão grátis com recursos limitados: *http://www.touchgraph.com/navigator.html* (acessado em 12/ jan/2010).

CAPÍTULO CINCO
Escutando, envolvendo-se e construindo relacionamentos

Fleet, Dave. "Os Cinco Níveis das Respostas de Mídia Social". Social Media Today, 8/jun/2009, http://www.socialmediatoday.com/ SMC/99856 (acessado em 12/jan/2010).

Kanter, Beth. "Planilhas para Planejar o Envolvimento", jul/2007, *http:// beth.typepad.com/beths_blog/2009/07/guest-post-by-alexandra-samuel-engagement-planning-work-sheets-to-engage-your-users-and-move-them-to.html* (acessado em 12/jan/2010).

Kanter, Beth. "Escutando as Organizações Não Lucrativas em um Mundo Conectado", set/2009, *http://beth.typepad.com/beths_blog/2009/09/ listening-for-nonprofits-in-a-connected-world.html* (acessado em 12/ jan/2010).

Kanter, Beth. "Modelos de Relacionamento Organizacional", jun/2006, *http://beth.typepad.com/beths_blog/2009/06/listening-leads-to-engagement-relationship-models.html* (acessado em 12/jan/2010).

CAPÍTULO SEIS
Construindo confiança por meio de transparência

Anderson, Chris. *Livre: O futuro de um preço radical*. New York: Hyperion, 2008.

Bennis, Warren; Goleman, Daniel; O' Toole, James e Biederman, Patricia Ward. *Transparência: Como Líderes Criam uma Cultura de Candor*. São Francisco: Jossey-Bass, 2008.

Fine, Allison. "Transparência das Organizações Não Lucrativas", 2/nov/2009, A. Fine Blog *http://afine2.wordpress.com/2009/11/02/nonprofits-and-transparency/* (acessado em 21/jan/2010).

Fritz, Joanne. "Melhores Links: Transparência das Organizações Não Lucrativas para Reduzir Atritos com os Doadores". About.com, 9/nov/2008, *http://nonprofit.about.com/b/2009/11/09/best-links-nonprofit-transparency-to-reducing-donor-attrition.htm* (acessado em 20/jan/2010).

CAPÍTULO SETE
Tornando as organizações sem fins lucrativos mais simples

Brogan, Chris. "Dez Coisas que Você Pode Fazer Melhor Hoje", 26/fev/2009 *http://www.chrisbrogan.com/10-things-you-could-do-better-today/* (acessado em 12/jan/2010).

Gotlieb, Hildy. *Os princípios pollyanna*. Renaissance Press, Tucson, Arizona, 2008.

Kanter, Beth. "Habilidades para Copiar Informações" junho de 2009, *http://www.slideshare.net/kanter/information-coping-skills* (acessado em 12/jan/2010).

Kanter, Beth. "Simplicidade: O Primeiro Passo", 21/mai/2009, *http://beth.typepad.com/beths_blog/2009/05/the-first-step-towards-being-a-networked-nonprofit-simplicity.html* (acessado em 12/jan/2010).

Kanter, Beth. "Dicas para Reduzir a Sobrecarga de Informação", 12/ago/2009, *http://beth.typepad.com/beths_blog/2009/08/happy-information-overload-awareness-day.html* (acessado em 12/jan/2010).

Wheatley, Margaret. *Virando-se uns para os outros: conversações simples para restaurar a esperança para o futuro.* São Francisco: Berrett-Koehler, 2002.

CAPÍTULO OITO
Trabalhando com multidões

Brabham, Daren C. "Fique pronto para o Crowdsourcing", ago/2009, *http://henryjenkins.org/2009/08/get_ready_to_participate_crowd.html* (acessado em 12/jan/2010).

Brabham, Daren C. Pesquisa sobre Crowdsourcing, *http://darenbrabham.com/* (acessado em 12/jan/2010).

Howe, Jeff. *Crowdsourcing: Por que o poder das multidões está dirigindo o futuro dos negócios.* New York: Three Rivers Press, 2008.

Howe, Jeff. "Crowdsourcing: Por que o Poder das Multidões Está Dirigindo o Futuro dos Negócios" (blog), *http://crowdsourcing.typepad.com/cs/* (acessado em 12/jan/2010).

Kanter, Beth. "Multidões Podem Ser Treinadas Como Focas?", ago/2009, *http://beth.typepad.com/beths_blog/2009/08/can-crowds-be-trained-like-seals.html* (acessado em 12/jan/2010).

Kanter, Beth. "Recursos de Crowdsourcing para as Organizações Não Lucrativas (Parte Um)" agosto de 2009, *http://beth.typepad.com/beths_blog/2009/08/how-does-your-nonprofit-work-with-crowds-crowdsourcing-week-on-beths-blog.html* (acessado em 12/jan/2010).

Shirky, Clay. *Aí vem todo mundo: o poder de organizar sem organizações.* London: Penguin Press, 2008.

Surowieki, James. *Sabedoria das multidões*. New York: First Anchor
Books, 2005.

CAPÍTULO NOVE
Aprender as sequências

Kanter, Beth. "Escute, Aprenda e Adapte", fev/2009, *http://beth.typepad.
com/beths_blog/2009/02/riffing-on-listen-learn-and-adapt-need-your-
organizations-adaption-stories.html* (acessado em 12/jan/2010).

Kanter, Beth. "Um Metodologia de Aprendizado com Projetos de Mídia
Social com June Holley", set/2009, *http://beth.typepad.com/beths_
blog/2009/09/a-methodology-for-learning-from-social-media-pilots-
reflection.html* (acessado em 12/jan/2010).

Kanter, Beth. "Análises em Tempo Real de Campanhas de Mídia Social
Para Levantar Fundos", ago/2008, *http://beth.typepad.com/beths_
blog/2008/08/tracking-the-fl.html* (acessado em 12/jan/2010).

Kanter, Beth. "Social Media ROI Poetry Slam", mar/2009, *http://beth.typepad.
com/beths_blog/2009/03/sxsw-social-media-nonprofit-roi-poetry-slam-
slides-links-and-poems-long.html* (acessado em 12/jan/2010).

Li, Charlene. "Taxa de Retorno de Blogar", nov/2006, *http://blogs.forrester.
com/ground-swell/2006/10/calculating_the.html* (acessado em 12/
jan/2010).

Social Media Metrics Wiki. *http://socialmediametrics.wikispaces.com/*
(acessado em 12/jan/2010).

CAPÍTULO DEZ
Da amizade ao financiamento

Andresen, Katya e Strathmann, Bill. "Fundos de Pessoas para Pessoas:
Criando a Estratégia no Mercado Para Fazer Acontecer", em Ted Hart,

James Greenfield e Sheeraz Haji (eds.). *Fundos de pessoas para pessoas: redes sociais e web 2.0 para caridade*. Hoboken, NJ: John Wiley & Sons, 2007.

Kanter, Beth. "Posts em Blogs 2.0 para Levantar Fundos", *http://beth. typepad.com/beths_blog/fundraising20/* (acessado em 12/jan/2010).

Kanter, Beth. "Giving Good Poke: Personal, Socially Networked Fundraising", *http://gsp4good.wikispaces.com/* (acessado em 12/jan/2010).

Kanter, Beth. "Os Segredos de Levantar Fundos Sociais", *http:// socialfundraising.wikispaces.com/* (acessado em 12/jan/2010).

Kanter, Beth e Fine, Allison H. "Relatório de Reflexão e Avaliação do Giving Challenge", The Case Foundation, 22/jun/2009, *http://www. slideshare.net/kanter/information-coping-skills* (acessado em 12/ nov/2009).

Schultz, Dan. "Uma Introdução da DigiActive para o Ativismo no Facebook" DigiActive, 2008, *http://www.digiactive.org/category/ guides-resources/* (acessado em 21/nov/2009).

Watson, Tom. CauseWired . Hoboken, NJ: John Wiley & Sons, 2009.

CAPÍTULO ONZE
Governando por meio de redes

BoardSource. *www.boardsource.org* (acessado em 12/jan/2010).

Chait, Richard P.; Ryan, William P. e Taylor, Barbara E. *Governância como Liderança: Reestruturando o Trabalho de Quadros das Organizações Não lucrativas*. Hoboken, NJ: BoardSource e John Wiley & Sons, 2005.

onPhilanthropy, "onLine", *http://flip.onphilanthropy.com/online/2009/11/ social-media-for-accountability-part-1-board-governance.html?utm_ source_feedburner&utm_medium_feed&utm_campaign_Feed%3A_ onphilanthropy%2FlYsI_%28onLine%29* (acessado em 12/jan/2010).

Ostrower, Francie. "O Desempenho das Organizações Não Lucrativas nos EUA, Descobertas Sobre Desempenho e Responsabilidade no Primeiro Estudo Representativo". The Urban Institute, centrado em filantropia e organizações não lucrativas, 2007. *http://www.urban.org/publications/411479.html* (acessado em 12/jan/2010).

Renz, David. "Reestruturando a Governança" *Nonprofit Quarterly*. Inverno de 2006, 13 (4), 6-13.

Este livro foi impresso pela Prol Gráfica
em papel Lux Cream 70g.